KARIN HERTZER

Rhetorik im Job

In jeder Situation überzeugen

Inhalt

Raus mit der Sprache

Kommunikation kennt viele Wege 7
Es ist noch kein Redner vom Himmel gefallen 8
Rhetorik – eine Kunst, erlernbar wie ein Handwerk? 9
Überprüfen Sie Ihre Einstellung 11
Mit Selbstbewusstsein überzeugen 11
Übung: Lernen Sie, Ihre Aussagen nicht abzuschwächen 13
Was möchten Sie verbessern? 14
Übung: Von Vorbildern lernen 15

Das A und O: Vom Outfit bis zur Abschiedsformel

Mehr als Worte sagen können 17
Der Ton macht die Musik 17
Schrill, heiser, monoton – wann hilft ein Stimmtraining? 18
Nicht nur reden, sondern auch schweigen! 19
Signale der Körpersprache 20
Das passende Outfit 23
Wer sitzt wo? 24
Jobtalk – So bleiben Sie in guter Erinnerung 25
Guten Tag, Grüß Gott, Moin Moin 25
Wer bin ich? So stellen Sie sich selbst vor 26
Smalltalk öffnet die Türen 28
Extra: Fettnäpfchen beim Smalltalk 29
So vermeiden Sie Missverständnisse und Konflikte 30
Verabschieden Sie sich mit Stil 31
Verständlich formulieren 32
Sprechstil 33
Direkt oder indirekt ansprechen? 34
Nein sagen können Sie lernen 35
Überzeugend argumentieren 37
Übung: Wortschatz-Training 38
Gekonnt argumentieren: Acht Spielarten 40
Übung: Die Fünf-Schritte-Argumentation 42
Paroli geben! 43
Drei Strategien zur Auswahl 43
Extra: Knigge fürs Telefonieren 47

Im 4-Augen-Gespräch überzeugen

Tools für das Treffen zu zweit ... 49
Der erste Eindruck zählt ... 49
Kennen Sie Ihr Gegenüber? ... 51
Aktiv zuhören ... 53
Zielorientiert fragen ... 55
Senden Sie Ich-Botschaften ... 56
Geschickt verhandeln ... 58
Gesprächs-Situationen von Angesicht zu Angesicht 62
Situation 1: Bewerbung intern oder extern ... 62
Situation 2: Gehaltsverhandlung .. 65
Situation 3: Kurzer Projektbericht 68
Situation 4: Zielgespräch ... 70
Situation 5: Feedbackgespräch ... 72
Situation 6: Mehr Zeit für die Freizeit ... 76
Situation 7: Kündigungsgespräch 79

Melden Sie sich in Meetings zu Wort

Tools für Meetings ... 83
Mit neuen Ideen begeistern ... 84
Projekte erfolgreich präsentieren .. 85
Konstruktiv diskutieren ... 88
Gesprächs-Situationen in größerer Runde ... 92
Situation 1: Diskussion ... 92
Situation 2: Konferenz ... 96
Situation 3: Externes Meeting ... 97
Situation 4: Diskussionsrunde ... 101
Situation 5: Podiumsdiskussion erfolgreich moderieren ... 104

Bühne frei – Vorträge und Reden

Tools für Vorträge und Reden ... 109
Der gute Redner ... 109
Lampenfieber gehört dazu ... 112
Die Rede vorbereiten ... 114
Das Manuskript ... 115
Vortrags- und Rede-Situationen ... 116
Mit Humor geht's besser ... 117
Reden für verschiedene Anlässe 117
Spontan oder gut vorbereitet? ... 120
So klappt die Anrede ... 121
Besonderheit: Die Stegreifrede .. 121
Die Dramaturgie einer längeren Rede ... 123

Service ... 125
Internetadressen/Bücher, die weiterhelfen ... 125
Register ... 126

1
2
3
4
5

»Wer klug ist,
wird im Gespräch weniger
an das denken,
worüber er spricht,
als an den, mit dem er spricht.
Sobald er dies tut,
ist er sicher,
nichts zu sagen,
das er nachher bereut.«

[Arthur Schopenhauer | *deutscher Philosoph*]

Vorwort

Dieses Buch wendet sich an alle, die im Job besser argumentieren wollen – bei Gesprächen zu zweit oder in der großen Gruppe. Auch bei Projektpräsentationen, Vorträgen und Reden müssen Sie im Job überzeugen, um voranzukommen. Dieses Buch bietet Ihnen die nötigen Hilfsmittel: In den ersten beiden Kapiteln finden Sie das Basiswissen zur beruflichen Kommunikation. Die Kapitel 3 bis 5 zeigen bestimmte Gesprächssituationen, die Ihnen im beruflichen Alltag immer wieder begegnen und die es zu meistern gilt. Zunächst lernen Sie die nötigen Tools kennen, die über das Basiswissen hinausgehen. Im Anschluss daran beschreibe ich die Besonderheiten der verschiedenen Gesprächssituationen etwas detaillierter, damit Sie das Basiswissen gleich auf konkrete Beispiele übertragen können.

Mit den Übungen und Tipps aus diesem Buch werden Sie in null Komma nichts rhetorisch fit im Job. Viel Spaß dabei!

Karin Hertzer

1 Raus mit der Sprache

→ In einem Gespräch, in einer Diskussion oder bei einem Vortrag müssen Sie sich klar und deutlich ausdrücken. Dazu gehört eine gewisse Portion Selbstbewusstsein, aber auch eine verständliche Sprache. Beides ist lernbar. Dabei gilt in der Rhetorik wie überall: Übung macht den Meister. Deshalb ist dies auch kein Sachbuch, sondern ein Praxis-Ratgeber.

1

Kommunikation
kennt viele Wege

»Raus mit der Sprache!« – so lautet die Aufforderung zu Beginn dieses Buches. Doch was bedeutet das genau? »Nun komm schon, raus mit der Sprache«, drängeln wir, wenn jemand herumdruckst und nicht genau sagen will, um was es ihm eigentlich geht. Mit der Aufforderung, endlich Klartext zu reden, zeigen wir unser Interesse an dem anderen. Wir wollen die wahren Argumente und Gründe erfahren oder eine ehrliche Meinung hören – auch wenn sie vielleicht nicht gerade angenehm für uns ist.

»Raus mit der Sprache!« heißt also, dass wir unsere Gedanken klar und verständlich formulieren müssen, damit der andere uns versteht. Im Modell sieht das alles ziemlich einfach aus: Hier der Sender, dort der Empfänger. Der Sender schickt eine Botschaft, der Empfänger hört zu und weiß, was der andere gesagt hat. Dann wird der Empfänger zum Sender und schickt eine neue Botschaft zurück. Und so geht das Pingpong-Spiel immer weiter – das Ganze nennen wir dann Gespräch, Unterhaltung, Diskussion oder Verhandlung.

Im wahren Leben gestaltet sich die Kommunikation zwischen zwei Menschen nicht immer so einfach, weil nicht nur das Senden, sondern auch das Empfangen der Botschaften auf mehreren Kanälen gleichzeitig abläuft. Wenn sich mehrere Personen unterhalten, wird die Sache dann meist noch etwas komplizierter, weil verschiedene Empfänger auch ziemlich eindeutige Signale ganz unterschiedlich deuten können.

»Raus mit der Sprache!« ist also eine Aufforderung an Sie, sich bewusst zu werden, über welche Kanäle Sie Ihre Botschaften verschicken. Bei

Briefen, E-Mails und Manuskripten dreht sich alles nur um die Worte und die Formulierungen – aber auch bei einem geschriebenen Text kann man zwischen den Zeilen lesen und mehr »heraushören«, als wirklich schwarz auf weiß dort geschrieben steht.

Beim Telefonieren kommt ein weiterer Informationskanal hinzu: die Stimme. Wir reden laut oder leise, langsam oder schnell, haben eine hohe oder eine tiefe, eine schrille oder eine krächzige Stimme. Wir sprechen die Worte klar und deutlich aus oder nuscheln ein bisschen, wir machen nach ein paar Sätzen eine Pause oder reden ohne Punkt und Komma weiter. All diese zusätzlichen Informationen wertet Ihr Gegenüber aus – manchmal auch ganz unbewusst.

Im persönlichen Zweier-Gespräch wird die Bandbreite noch größer: Über Sympathie und Glaubwürdigkeit entscheidet dann auch die Körpersprache – positiv wirken vor allem der Blickkontakt, das Lächeln und offene, einladende Gesten. Hinzu kommt das Outfit, das dem Gegenüber Hinweise darauf gibt, ob es sich bei Ihnen um einen förmlichen oder einen legeren Typ handelt und ob Sie sich Ihrem Alter und Ihrer beruflichen Position gemäß kleiden oder nicht.

Bei Gesprächen in größeren Runden – bei Meetings und Konferenzen – erweitert sich das Spektrum um solche Informationskanäle, bei denen es um Macht und Hierarchie geht: Wer steht oder sitzt wo? Wer redet wann und wie lange? Wer stellt viele Fragen? Wer hört nur zu? Wer unterbricht die anderen häufig? Wer hat das letzte Wort?

Es ist noch kein Redner vom Himmel gefallen

»Raus mit der Sprache« bedeutet also, dass wir das Reden üben müssen, um unsere Botschaften klar und deutlich senden zu können und im Job erfolgreich zu sein. Wir sollten aber nicht nur das Reden üben, sondern auch das Fragen, das Argumentieren und das Verhandeln.

TIPP

Fortschritte dokumentieren

→ Sie möchten Ihre rhetorischen Kenntnisse und Fähigkeiten verbessern? Lassen Sie dazu alle Anregungen und Tipps auf sich wirken und überlegen Sie, welche Vorschläge Sie in die Tat umsetzen wollen. Kaufen Sie sich ein Notizbuch, in dem Sie all Ihre Beobachtungen und Fortschritte dokumentieren.
Bitten Sie eine Freundin oder eine Kollegin, für eine gewisse Zeit Ihre Mentorin zu werden. Erklären Sie, welche Probleme Sie beim Reden, Zuhören, Argumentieren oder Verhandeln haben und bitten Sie um regelmäßige Feedbacks (→ Seite 72 f.).

Und ganz wichtig: Wir müssen das Zuhören (wieder) lernen! Denn wer nicht genau hinhört bzw. den anderen beim Reden nicht aufmerksam beobachtet, erfasst nur einen Teil der Botschaft und läuft Gefahr, etwas falsch zu verstehen.

Mit dem Reden ist es genauso wie mit dem Englisch sprechen: Sie fangen mit dem Vokabellernen an und können dann irgendwann Briefe und Artikel lesen und vielleicht auch E-Mails und längere Texte schreiben – auf Englisch unterhalten können Sie sich aber nur, wenn Sie den Mund aufmachen. Bei den ersten Sätzen mag sich das noch etwas holprig anhören, doch mit etwas Übung können Sie sich immer besser ausdrücken.

Rhetorik – eine Kunst, erlernbar wie ein Handwerk?

In der Antike war der Begriff »Rhetorik« auf die Redekunst bei Vorträgen begrenzt. Mittlerweile bezeichnet man damit aber auch die Fähigkeit, die eigene Meinung in einem Gespräch überzeugend darzustellen. »Rhetorisch geschickt« zu sein ist somit ein Lob für den Redner.

»Wir müssen das noch kommunizieren«, diese Formulierung hat sich mittlerweile im Job-Talk etabliert und meint: »Wir müssen das noch mitteilen, erklären, weitergeben«. Das Wort »kommunizieren« beschreibt also nur den Weg vom Sender zum Empfänger: Wer sagt was zu wem in welchem Kontext und in welcher Absicht?

Rund um das Thema Rhetorik gibt es einige wertneutrale Worte und Redewendungen wie sprechen, reden, fragen, präsentieren, argumentieren, diskutieren, verhandeln und überzeugen. Viele Ausdrücke haben jedoch einen ziemlich negativen Touch. Beobachten Sie doch mal Ihren Wortschatz, vor allem wenn es beispielsweise um Verhandlungen geht: Da äußert sich die »Gegenseite« zu unserem Angebot, der andere will uns mit »Killerphrasen« mundtot machen und am Ende ist der eine unterlegen, der andere überlegen, es gibt einen Gewinner und einen Verlierer. Solche Worte erinnern an Kampf und Krieg, auch die viel gerühmte »Schlagfertigkeit« weckt diese Assoziationen.

Wenn Sie eine positive Einstellung zum Reden, zum Argumentieren und zum Verhandeln gewinnen wollen, versuchen Sie doch mal, sich mit wohlwollenden oder zumindest mit neutralen Worten auszudrücken. Sie haben es nicht mit einem Gegner zu tun, sondern mit einem Partner, im Gespräch wechseln sich Reden und Zuhören ebenso ab wie Geben und Nehmen, und am Ende einer Verhandlung kann es sogar zwei Gewinner geben. Voraussetzung ist, dass Sie sich an das win-win-Prinzip halten, das heißt, dass beide Parteien sich über das Verhandlungsergebnis freuen können (→ Seite 68).

INFO

→ Das Spannende an der Kommunikation ist, dass sie – auf welche Art auch immer – stattfindet, wenn sich zwei oder mehrere Menschen treffen. Deshalb kommt auch der Psychologe und Sprachforscher Paul Watzlawick zu dem Schluss: »Man kann nicht nicht kommunizieren« – denn wir teilen uns ja nicht nur mit Worten, sondern auch über unsere Stimme, unsere äußere Erscheinung und unsere Körpersprache mit.

Überprüfen Sie Ihre Einstellung

Ein Redner kann seine Zuhörer nur dann in seinen Bann ziehen, wenn er selbst von seinem Thema begeistert ist und als glaubwürdig gilt. Auch Sie wirken nur dann überzeugend, wenn Ihr Gesprächspartner oder Ihr Publikum spürt, dass Sie eine positive innere Einstellung haben – zu sich selbst und Ihrer Rolle, zum Thema und zum Zuhörer. Wenn Sie sich bei einem dieser Punkte unsicher sein sollten, strahlen Sie das auch aus. Überprüfen Sie deshalb, ob Sie voll hinter dem stehen, was Sie sagen und tun wollen:

- ROLLE: Bei Gesprächen im Job können Sie ganz unterschiedliche Rollen einnehmen. Haben Sie eine Frage oder bittet ein Kollege Sie um Rat? Sind Sie der Chef oder gehören Sie zu mehreren Kollegen, die gleichberechtigt sind? Hinterfragen Sie die Einstellung zu Ihrer Rolle (→ Selbstbewusstsein, Seite 11f.).
- THEMA: Überlegen Sie, was Sie persönlich an Ihrem Thema fasziniert und welche Einstellung Ihr/Ihre Zuhörer dazu haben. Wenn Sie das Thema langweilt, werden Sie auch Ihr Gegenüber nicht davon überzeugen können.
- GESPRÄCHSPARTNER: Freundlich und offen wirken Sie nur dann, wenn Sie neugierig auf Ihr Gegenüber oder Ihre Zuhörer sind. Sie brauchen nicht in allen Punkten mit Ihren Gesprächspartnern übereinzustimmen. Es hilft aber, wenn Sie sich auf die positiven Aspekte konzentrieren können. Denken Sie dabei an die Volksweisheit: »Wie man in den Wald hineinruft, so schallt's auch wieder heraus.«

Mit Selbstbewusstsein überzeugen

Wer andere begeistern und überzeugen will, braucht eine gewisse Portion Selbstbewusstsein. Denn wenn Sie ausstrahlen, dass Sie sich selbst mögen und wissen, was Sie können und wollen, kommt das auch bei anderen positiv an. Um Ihr Selbstbewusstsein zu trainieren, brauchen Sie etwas Zeit und Geduld mit sich selbst und möglichst auch Unterstützung von außen. Wenn Sie ein besseres Selbstwertgefühl entwickeln wollen, sind folgende Schritte hilfreich:

1. **FÜHREN SIE EIN ERFOLGSTAGEBUCH:** Notieren Sie jeden Abend alle positiven Erlebnisse im Job. Wann haben Sie sich heute klar und deutlich ausgedrückt? Haben Sie sich bei einer Diskussion oder Konferenz zu Wort gemeldet? Gab es eine Situation, in der Sie ein gutes Argument parat hatten? Schreiben Sie auch auf, wer Sie gelobt hat – auch ein Lächeln ist ein positives Feedback!
2. **BITTEN SIE UM LOB UND ANERKENNUNG:** Erzählen Sie einer Freundin oder einem Karriere-Coach, dass Sie selbstbewusster auftreten wollen. Fragen Sie nach, was den anderen positiv an Ihnen auffällt. Welche Stärken könnten Sie in Zukunft weiter ausbauen?
3. **GEHEN SIE MIT EINEM LÄCHELN DURCH DEN TAG:** Mit einer positiven Ausstrahlung kommen Sie besser an. Wer oder was kann Sie zum Schmunzeln oder Lachen bringen? Bei welcher Musik haben Sie Lust zu tanzen und mitzusingen? Mit welchem Outfit fühlen Sie sich sicher und wohl? Greifen Sie auf solche Stimmungsaufheller zurück, wenn es Ihnen mal nicht so gut geht.
4. **NEHMEN SIE IHRE SCHWÄCHEN AN:** Auch wenn Sie schüchtern oder zurückhaltend sind, kann das Vorteile für Sie haben. Fragen Sie sich: Vor was schützt Sie Ihre Schüchternheit? Was würde passieren, wenn Sie sich in Zukunft anders verhalten würden?
5. **HINTERFRAGEN SIE INNERE ZENSOREN:** Ertappen Sie sich manchmal dabei, dass Sie sich negative Botschaften Ihrer Eltern angeeignet haben? Vielleicht haben Sie ja als Kind zu hören bekommen, dass Sie sich aus Gesprächen mit Erwachsenen heraushalten sollen oder nur dann reden dürfen, wenn man Sie gefragt hat. Hinterfragen Sie solche Glaubenssätze und überlegen Sie, was passieren würde, wenn Sie sich einfach nicht mehr daran hielten.

6 **STOPPEN SIE NEGATIVE GEDANKEN:** »Das kann ich nicht« – damit bremsen Sie sich selbst aus, ohne es überhaupt probiert zu haben. Formulieren Sie solche inneren Monologe um: »Das probiere ich jetzt einfach mal aus«, »Das wird schon gut gehen«.

Vermeiden Sie Unsicherheitswörter

Selbstbewusstsein können Sie zeigen, indem Sie sich klar und deutlich ausdrücken. Vermeiden Sie deshalb folgende Worte und Formulierungen, die Ihre Aussagen entschärfen:

- eigentlich, vielleicht, anscheinend, irgendwie, ein bisschen
- ich glaube, ich meine, ich denke mal, ich würde gern
- »Ich bin ganz gut …«, »Ich bin nur …«, »Ich weiß nicht, ob Sie das interessiert, aber …«

ÜBUNG

Lernen Sie, Ihre Aussagen nicht abzuschwächen

Bitten Sie eine Freundin, auf Ihre Ausdrucksweise zu achten. Welche Unsicherheitswörter haben sich bei Ihnen eingeschlichen? Notieren Sie diese Formulierungen in Ihrem Notizbuch und versuchen Sie sie in Zukunft zu vermeiden:

- ______________________________
- ______________________________

Was möchten Sie verbessern?

Je wichtiger ein Gespräch, eine Konferenz oder ein Vortrag ist, desto eher schleicht sich das Gefühl ein: »Das schaffe ich nicht!« Am besten ist es, die Angst in kleine Portionen zu teilen – dann ist sie nicht mehr so bedrohlich.

Überlegen Sie: Welche Situation im Job bereitet Ihnen Sorgen? Schreiben Sie die Situation oder Ihr Problem oben in die Mitte auf ein querformatiges Blatt Papier und teilen Sie das Blatt in vier Spalten ein:

ERSTE SPALTE:

- Was können Sie bereits? (z. B. »Ich kann andere Leute von meinen Ideen überzeugen.«)
- Was geht Ihnen leicht von der Hand? (z. B. »Mir fällt es leicht, auf fremde Menschen freundlich und offen zuzugehen.«)
- Was ist Ihnen schon mal besonders gut gelungen? (z. B. »Beim letzten Meeting habe ich meine Meinung klar und deutlich vertreten.«)
- Was bewundern andere an Ihnen? (z. B. »Meine Abteilungsleiterin hat mich dafür gelobt, dass ich besonders gut mit schwierigen Kunden umgehen kann.«)

ZWEITE SPALTE:

- Vor was genau haben Sie Angst? (z. B. »Ich habe oft Lampenfieber, wenn ich vor mehreren Kollegen sprechen soll.« → Seite 112 f.)
- Was ist Ihre größte Befürchtung? (z. B. »Ich habe Angst, dass ich etwas Falsches sagen könnte. Deshalb beteilige ich mich nicht gern an Diskussionen.« → Seite 82 ff.)
- Durch was könnten Sie sich blamieren? (z. B. »Wenn ich eine längere Rede halten muss, verliere ich manchmal den roten Faden. Das ist mir sehr unangenehm.« → Seite 114)
- Was kritisieren andere an Ihnen? (z. B. »Mein Kollege bemängelt ab und zu, dass ich mich bei Verhandlungen leicht über den Tisch ziehen lasse.« → Seite 45 f.)

DRITTE SPALTE:

- Was wollen Sie verbessern? (z. B. »Ich möchte meine Meinung klar und deutlich vertreten können.« → Seite 32 ff.)

VIERTE SPALTE:

- Wie wollen Sie das Problem konkret angehen? Notieren Sie in Ihrem Kalender, wann Sie sich um welche Schritte kümmern wollen. Sprechen Sie mit einer Freundin oder einer Kollegin – vielleicht fallen Ihnen dann noch weitere Lösungen ein (z. B. »Ich möchte mit meiner Kollegin über meine Probleme mit der Selbstdarstellung reden« oder »Am Freitagnachmittag recherchiere ich im Internet nach einem Rhetorik-Kurs« oder »Ich bin oft heiser vom vielen Sprechen. Ich frage meine Freundin, ob sie mir eine Stimmtrainerin empfehlen kann«).

ÜBUNG

Von Vorbildern lernen

- Beobachten Sie Kollegen und Vorgesetzte, Kunden und Auftraggeber. Gehen Sie zu Podiumsdiskussionen. Halten Sie Augen und Ohren auf und gucken Sie sich Gestik, Tonfall, Formulierungen ab, die zu Ihnen passen.
- Hören Sie prominenten Politikern zu: Joschka Fischer und Gregor Gysi sind z. B. brillante Redner, die das Publikum in ihren Bann ziehen. Den Wortlaut von wichtigen Reden finden Sie auch im Internet – entweder direkt bei den Fernsehsendern oder unter www.bundesregierung.de. Interessante Fernsehdebatten und Vorträge können Sie für die Analyse auch auf Video aufnehmen.

Das A und O:

Vom Outfit bis zur Abschiedsformel

→ In diesem Kapitel finden Sie die Basics gekonnter Kommunikation im Job. Sie lernen, sich zu präsentieren, Ihr Anliegen verständlich zu formulieren und überzeugend zu argumentieren. Üben Sie sich im Smalltalk ebenso wie darin, gekonnt auf dumme Sprüche zu reagieren.

Mehr als Worte sagen können

Wichtig für den Erfolg eines Gesprächs oder einer Rede ist, dass Sie eine positive innere Einstellung zu Ihrem Thema und zu Ihrem Gegenüber haben. Denn nur wenn Sie selbst von Ihrer Sache überzeugt sind, können Sie auch andere beeindrucken.

Übrigens: Viele Zuhörer gewinnen Sie eher durch Ihre Körpersprache und Ihre Stimme als durch das, was Sie tatsächlich sagen! Achten Sie mal darauf, an was Sie sich nach einem Vortrag oder einer Podiumsdiskussion tatsächlich erinnern: Sie können garantiert sagen, was der Redner anhatte, wie er stand oder saß, in welchem Umfeld er gerade war, ob er Ihnen sympathisch war und glaubwürdig erschien. Vielleicht fällt Ihnen auch die wichtigste These noch ein oder ein Satz, der Sie persönlich berührt hat. Aber an den genauen Wortlaut einzelner Sätze werden Sie sich kaum erinnern.

Der Ton macht die Musik

»Sprich, damit ich dich sehe« – wie wahr dieser Ausspruch von Sokrates auch heute noch ist, spüren wir in jedem Gespräch und bei jedem Vortrag. Denn die Stimme steht in engem Zusammenhang mit der Person, sie ist gar ein Spiegel der Persönlichkeit. Denn schon bei einem kurzen »Hallo« am Telefon erkennen wir an der Stimmlage und am Sprechtempo, wie es dem anderen gerade geht. Nach wenigen Worten wissen wir schon etwas über Geschlecht, Alter und Temperament, über den Gesundheitszustand, die soziale Herkunft und die Kultur unseres Gesprächspartners.

Sympathisch und angenehm ist eine Stimme, wenn sie kraftvoll, körperverbunden und warm klingt. Wichtig ist auch, die Worte gut zu artikulieren, denn dann kommt die Botschaft sicher beim Gesprächspartner an. Das Zuhören können Sie erleichtern, wenn Sie mit der Betonung der Sätze spielen und sich selbst und dem anderen Pausen gönnen. Wenn Sie damit Probleme haben, können Sie sich das in Ihren Unterlagen für ein Gespräch oder einen Vortrag vermerken: Unterstreichen Sie wichtige Worte, die Sie mit der Stimme hervorheben wollen, und notieren Sie sich immer mal wieder die Aufforderung an sich selbst: »Pause!«, »Zuhörer anschauen!« oder »Locker stehen!«

Schrill, heiser, monoton – wann hilft ein Stimmtraining?

Was viele nicht wissen: In der Face-to-Face-Situation nehmen wir fast 40 Prozent des Gesagten als Stimme und Tonfall wahr. Gleichzeitig übertragen sich der Atemrhythmus und die Bewegungen der Kehlkopfmuskulatur vom Sprecher auf den Hörer. Dieser spricht die Worte mit fünf Millisekunden Verzögerung innerlich mit und erinnert sich so daran. Er speichert dabei auch, ob die Art zu sprechen angenehm oder unangenehm war.

Die meisten Berufstätigen müssen im Job viel sprechen – am Telefon, mit einem direkten Gegenüber oder vor einer Gruppe. Doch was tun, wenn Ihre Stimme nicht belastbar, zu leise oder zu piepsig ist, wenn Sie längeres Reden anstrengt, wenn Ihre Kehle trocken wird oder Sie meinen, einen Kloß im Hals zu haben?

Die Münchner Logopädin Eva Loschky empfiehlt ein gezieltes Stimmtraining: »Dabei erfahren Sie, was in Ihrem Körper passiert, wenn Sie sprechen. Im praktischen Teil trainieren Sie das lautlose, passive Ein-

TIPP

Viel Trinken

→ Damit Ihre Stimme gut klingt, sollten Sie Ihre Schleimhäute pflegen und mindestens zwei Liter Wasser am Tag trinken. Stellen Sie sich deshalb immer ein Glas Wasser an Ihren Arbeitsplatz und trinken Sie zwischendurch. Wer im Job viel reden muss, sollte auf Milchprodukte verzichten – sie verschleimen sehr stark. Rohkost und stark Säure bildende Nahrungsmittel sollten Sie drei Stunden vor dem Schlafengehen nicht mehr essen, da sonst über Nacht zu viel Magensäure aufsteigt, die die Stimmlippen angreift. Ein Drittel aller Kehlkopfentzündungen sind darauf zurückzuführen!

atmen während des Sprechens und machen ein gezieltes Körpertraining, um die Ausatemkraft für eine laute und klangvolle Stimme aufzubauen. Sie können auch lernen, was Sie genau mit Ihrer Zunge machen müssen, um Laute und Worte richtig zu artikulieren.«

Es gibt verschiedene Herangehensweisen und Methoden, um die Sprechstimme zu trainieren. Eva Loschky setzt auf eine körperbetonte Arbeit und bezieht die Beckenbodenmuskulatur sehr stark mit ein: »Meinen Klienten zeige ich spezielle Körperübungen, die sie in der aktuellen Sprechsituation einsetzen sollen.«

Übrigens: Bei Stimmproblemen können HNO-Ärzte oder Phoniater 20 logopädische Behandlungen verordnen, die Kosten übernehmen die Krankenkassen.

Nicht nur reden, sondern auch schweigen!

Wer ohne Punkt und Komma redet, tut sich selbst und seinem Gesprächspartner nichts Gutes. Denn nach einer Weile sind Sie außer Atem, Ihre Stimme wird rau oder heiser und Sie werden müde. Auf der anderen Seite rauschen Ihre Worte nur noch an Ihren Zuhörern vorbei – und davon haben Sie auch nichts.

Bei einem Dialog gehören Reden und Zuhören genauso zusammen wie Reden und Schweigen, denn das kurze Innehalten hat viele Vorteile:

- Mit einer Pause deuten Sie an, dass der jetzige Abschnitt beendet ist und ein neuer Gedanke folgen wird.
- Wenn Sie einen Moment lang nichts sagen, erhöhen Sie die Spannung auf das, was Sie gleich danach sagen werden.
- Lassen Sie den Atem immer wieder mal passiv einströmen, um in Ruhe Ihr Gegenüber genauer beobachten zu können.
- Wenn Sie auf Ihren Merkzettel schauen, sich etwas notieren oder ein technisches Gerät bedienen, sind Kommentare völlig überflüssig.
- Bei Stegreifreden brauchen Sie Gedankenpausen, um auf gute Ideen zu kommen. Auch bei Verhandlungen bietet es sich an, im richtigen Moment zu schweigen: Denn Verhandlungspartner, die die Stille nicht aushalten können, lassen sich durch einen solchen Trick manchmal dazu verleiten, etwas auszuplaudern oder einen weiteren Schritt auf Sie zuzugehen.

FAZIT: Wenn Sie einen Moment nichts sagen, können Sie sich kurz entspannen und mit neuer Energie wieder starten.

Signale der Körpersprache

Wenn Sie sich in Ihrer Rolle und mit Ihrem Thema wohl fühlen und sich positiv auf Ihren Gesprächspartner oder Ihre Zuhörer eingestimmt haben, wird man Ihnen das wahrscheinlich auch körperlich anmerken: Dann gehen Sie offen auf andere zu, lächeln hin und wieder und halten den Blickkontakt – und das ist die beste Voraussetzung dafür, dass man gern mit Ihnen spricht bzw. Ihnen gern zuhört.

Doch Körpersprache kann auch negative Auswirkungen haben, deren wir uns oft gar nicht bewusst sind – wir wundern uns nur über die scheinbar unmotivierten Reaktionen unseres Gesprächspartners.

MACKEN ENTLARVEN: Was störend wirken kann, sind all die kleinen Macken, die man sich im Laufe der Jahre angewöhnt hat. Beobachten Sie sich selbst oder fragen Sie eine Freundin oder Kollegin: Fahren Sie sich häufig mit der Hand durchs Haar? Schieben Sie Ihre Brille immer wieder nach oben? Zupfen Sie öfter an Ihren Ohrringen oder an Ihrem Rock? Drehen Sie Ihren Ring ständig herum? Wippen Sie mit den Beinen? Versuchen Sie solche Gesten zu vermeiden, sie könnten Ihren Gesprächspartner vom eigentlichen Thema ablenken.

> → Wussten Sie, dass die positive Einstellung zu einem Gesprächspartner nur zu einem geringen Teil davon abhängt, was er sagt – aber zu 55 Prozent von der Körpersprache und zu 38 Prozent von der Stimme beeinflusst wird? Bleiben also nur 7 Prozent, die sich um die Worte, Formulierungen und Argumente drehen!

DISTANZZONEN EINHALTEN: Einen schlechten Eindruck machen Sie, wenn Sie Ihrem Gegenüber räumlich zu nahe kommen, denn jeder hat eine eigene Distanzzone, die niemand betreten sollte, sonst fühlt man sich unwohl. Das kann ein Schritt zu viel sein, den Sie auf den anderen zugehen. Aber auch auf körperliche Berührungen reagieren manche Menschen empfindlich. Treten Sie deshalb beim ersten Kontakt oder beim Gespräch mit Vorgesetzten lieber einen Schritt zurück oder rücken Sie Ihren Stuhl etwas weiter ab. Umgekehrt können Sie Plaudertaschen bremsen, indem Sie ihnen auf den Arm fassen – eine solche Textilbremse wirkt auch ohne Worte. Probieren Sie es aus!

Gesten und Mimik richtig interpretieren

Beobachten Sie Ihren Gesprächspartner oder Ihr Publikum genau, während Sie sprechen: Denn die Körpersprache verrät Ihnen, ob Sie gut ankommen oder Ihre Strategie ändern sollten.

ABWEHRENDE HALTUNG: Wer die ganze Zeit die Arme vor der Brust verschränkt, in den Unterlagen blättert oder mit dem Nachbarn tuschelt, signalisiert möglicherweise sein Desinteresse. Teilen Sie Ihre Beobachtung mit: »Ich sehe, dass Sie sich nicht sonderlich für mein Thema interessieren. Was müsste passieren, damit Sie wieder aufmerksam dabei sind?«

WIDERSPRÜCHLICHE SIGNALE: Falls Sie feststellen, dass Ihr Gesprächspartner Ja sagt, aber mit der Körpersprache ein Nein ausdrückt, können Sie das ansprechen: »Sie scheinen mit der Lösung noch nicht ganz zufrieden zu sein. Was gefällt Ihnen dabei nicht?«

GENUG IST GENUG: Wenn Ihr Gesprächspartner unruhig auf dem Stuhl herumrutscht, sich durch Telefonate oder Kollegen ablenken lässt oder öfters auf die Uhr schaut, könnte das bedeuten, dass er das Gespräch gern beenden würde. Reden Sie bei solchen Signalen nicht einfach nonstop weiter, sondern fragen Sie ganz direkt: »Wäre es Ihnen lieber, wenn wir das Gespräch jetzt beenden würden?« Sie

CHECKLISTE

Nur Mut!

Damit Ihre Worte beim Gegenüber auch ankommen, müssen Sie sich den nötigen Raum und etwas Zeit nehmen. Sie sind der Zeremonienmeister Ihres »Auftritts« – die Regeln dafür bestimmen Sie.

- Machen Sie eine kurze Pause, bevor Sie anfangen zu reden.
- Kleben Sie nicht an Ihren Unterlagen, sondern sprechen Sie frei.
- Trauen Sie sich, auch mal mit den Armen etwas weiter auszuholen.
- Legen Sie zwischendurch Verschnaufspausen ein.

können natürlich auch einen neuen Termin vorschlagen, um dann später weiterzureden.

WICHTIG: Temperamentvolle Menschen reagieren anders als zurückhaltende Personen. Interpretieren Sie deshalb die einzelnen Signale nicht eins zu eins, sondern lassen Sie sich von Ihrem Gefühl leiten.

Das passende Outfit

»Der erste Eindruck zählt« – da ist es nahe liegend, dass wir andere erst einmal aufgrund ihrer Kleidung beurteilen. Kostüm und Bluse wirken nun mal anders als Jeans und T-Shirt. Lassen Sie sich aber von der Kleiderfrage nicht allzu sehr stressen: Wichtig ist vor allem, dass Sie sich in Ihrer Haut wohl fühlen! Denn wenn Sie sich Ihrer positiven Wirkung sicher sind, können Sie sich entspannen. Dann haben Sie auch eine Ausstrahlung, die bei Ihrem Gegenüber gut ankommt.

→ Kleiden Sie sich passend zu Ihrem Typ, zu Ihrem Alter, zu Ihrem Job, zum Image der Firma und zum Anlass. Beobachten Sie Ihre Kollegen und Vorgesetzten und halten Sie sich im Stil und in den Farben eher zurück, als zu dick aufzutragen.

→ Wenn Sie unsicher sind, greifen Sie am besten zu etwas Klassischem: Das Business-Outfit für Frauen besteht aus einem Hosenanzug oder einem Kostüm, auch mit einer dunklen Hose oder einem knielangen Rock mit Blazer können Sie nichts falsch machen.

→ In einigen Branchen wie bei Unternehmensberatungen, Banken und Versicherungen gibt es Dress-Codes, die Sie einhalten sollten, um nicht unangenehm aufzufallen. Als Frau tragen Sie ein dunkles oder beigefarbenes Kostüm oder einen Hosenanzug, als Mann einen blauen, braunen oder schwarzen Anzug. Beim Business-Look sollten Sie alles Extreme vermeiden. Tabu sind auffällig gemusterte Blusen, Hemden und Krawatten, zu kurze Röcke, zu hohe Absätze, zu viel Schmuck und »witzige« Brillen.

Wer sitzt wo?

Wie die Stühle und Tische in einem Raum angeordnet sind, sagt viel über die Machtverhältnisse zwischen den Gesprächsteilnehmern aus. Aufgeschlossene Chefs und Kollegen ändern die Sitzordnung ab und zu. Wer jedoch auf seine Position in der Hierarchie bedacht ist, wird sich einen Stammplatz erobern und dafür sorgen, dass sich niemand anders dort hinsetzt.

CHEFPOSITION: Viele Vorgesetzte demonstrieren ihre Macht, indem sie sich in ihren Chefsessel setzen und den Tisch als Barriere nutzen. Als Gesprächspartner nehmen Sie dann meist auf einem Stuhl gegenüber Platz, wo Sie seinen Blicken voll ausgesetzt sind. Falls der Vorgesetzte aufsteht, um sich vor Ihnen auf die Tischkante zu setzen, signalisieren Sie ihm, dass Ihnen das unangenehm ist. Sie können aufstehen oder Ihren Stuhl ein wenig zurückrücken. Noch besser: Schieben Sie Ihren Stuhl etwas näher an ihn heran. Dann wird es Ihrem Chef wahrscheinlich auch zu eng, sodass er zurückweicht. Probieren Sie's aus!

GLEICHBERECHTIGTE SITZORDNUNG: Selbst wenn es ein Hierarchiegefälle zwischen den Gesprächspartnern gibt, wirkt eine Sitzordnung, die auf Gleichberechtigung ausgerichtet ist, oft Wunder. Sie sitzen dann zu zweit oder mit mehreren Kollegen an einem Besprechungstisch – optimal sind runde oder ovale Tische, sie können auch zum Quadrat aufgestellt sein. Vorteil: So kann jeder dem anderen in die Augen schauen. Natürlich gibt es an einem »runden Tisch« auch eine Chefposition, sie ist am weitesten von der Tür entfernt.

SITZORDNUNG BEI VERHANDLUNGEN: Bei ernsten Gesprächen halten viele Menschen instinktiv Abstand voneinander, so können sie den anderen besser beobachten und behalten den Überblick. Konflikte und Streit können Sie deshalb vermeiden, wenn Sie sich direkt neben Ihren Verhandlungspartner setzen. Schon allein die körperliche Nähe signalisiert dann, dass Sie gemeinsam in einem Boot sitzen.

Jobtalk – So bleiben Sie in guter Erinnerung

Zum Basiswissen in Sachen Jobtalk gehört, dass Sie Ihr Gegenüber freundlich begrüßen und sich kurz vorstellen. Auch bei einem ernsten Thema kann Smalltalk zu Beginn des Gesprächs nicht schaden. Missverständnisse können Sie vermeiden, indem Sie den anderen nicht mit unbedachten Äußerungen brüskieren. Wenn Sie zum Abschied dann noch ein paar nette Worte finden, bleiben Sie als angenehmer Gesprächspartner in Erinnerung.

2

Guten Tag, Grüß Gott, Moin Moin

Jedes Gespräch und jedes Treffen sollte mit einer Begrüßung beginnen. Auch wenn die Zeit drängt, ist es eine Frage der Höflichkeit, nicht sofort zur Sache zu kommen. Im Job genügt meist ein herzliches »Hallo«, »Guten Tag« oder »Guten Abend, Herr Müller«. Wenn Sie in einer Gegend leben, in der man einen Dialekt spricht, signalisieren Sie durch ein »Grüß Gott« oder »Moin Moin«, dass Sie dazu gehören.

Etwas Fingerspitzengefühl sollten Sie zeigen, wenn Sie aus einer anderen Gegend stammen oder wesentlich jünger oder älter sind als Ihr Gegenüber. Denn schon mit den ersten Worten geben Sie ein Signal: Entweder passen Sie sich an die Gepflogenheiten der Firma, der Region oder der Altersgruppe an und zeigen damit, dass Sie sich um ein gutes Miteinander bemühen. Oder Sie weisen schon gleich zu Beginn darauf hin, dass Sie Ihre Eigenheiten bewahren wollen. Letzteres kann man Ihnen als »liebenswerte Note« auslegen. Sie können damit aber auch Leute verschrecken, die das Andere nicht sehr schätzen.

TIPP

Wen begrüßen Sie zuerst?

→ Die alte Regel »Die Dame zuerst« trifft nur im Privatleben zu oder dann, wenn es zwischen den Personen kein hierarchisches Gefälle gibt. Anders verhält es sich, wenn Sie den Chef und seine Mitarbeiterin begrüßen, dann hat er den Vorrang. Treffen Sie auf eine größere Gruppe (ab circa sieben Personen), ist es heute nicht mehr üblich zunächst die Damen zu begrüßen, sondern man kann einfach der Reihe nach die Hände schütteln. Das Alter spielt dabei keine Rolle.

Wer bin ich? So stellen Sie sich selbst vor

Sie sind neu in der Firma, lernen einen Kunden kennen oder bekommen einen anderen Chef – solche Gelegenheiten sollten Sie nutzen, um sich selbst vorzustellen. Ihr Ziel dabei: Der andere soll sich später positiv an Sie erinnern.

Einen guten ersten Eindruck machen Sie auch mit Ihrer Körpersprache: Zeigen Sie, dass Sie sich über das Kennenlernen oder über die Zusammenarbeit freuen, indem Sie offen und natürlich auf den anderen zugehen. Lächeln Sie und schauen Sie Ihrem Gegenüber in die Augen. Selbst wenn Sie sich am Telefon kurz vorstellen, kommt ein Lächeln positiv beim Zuhörer an.

Für die eigene Vorstellung beginnen Sie immer mit Ihrem eigenen Namen, die Reihenfolge der folgenden Punkte 2 bis 4 können Sie je nach Situation wechseln:

1 NAME: Sprechen Sie Ihren Nachnamen deutlich aus. Wenn er etwas ungewöhnlich ist, können Sie Ihrem Gesprächspartner eine Eselsbrücke bauen, damit er sich Ihren Namen leichter merken kann (z.B. »Ich heiße Karin Hertzer, wie das Herz, aber mit tz«).

Der Berliner Arzt und Kabarettist Eckart von Hirschhausen stellt sich zum Beispiel so vor: »Hirschhausen, wie Hirsch« – er zeigt mit beiden Händen ein Geweih am Kopf – »und Haus« – er formt mit den Händen ein Dach über dem Kopf. Damit sich die Leute den Namen seiner Homepage www.hirschhausen.com merken können, sagt er: »Hirsch (Geweih), Hausen (Dach), Punkt (er zeigt mit dem Finger nach vorn auf einen Punkt), com (er winkt mit der anderen Hand jemanden auf sich zu).«

Wenn Sie einen recht gewöhnlichen Nachnamen haben, können Sie etwas mehr Individualität ausdrücken, indem Sie Ihren Vornamen dazu sagen. Wer einen (Doktor-)Titel hat, sollte ein bisschen Fingerspitzengefühl zeigen: Wenn Ihr Gesprächspartner in der Hierarchie über Ihnen steht, aber keinen Titel hat und zudem nicht sehr selbstbewusst ist, lassen Sie den Titel besser erst einmal unter den Tisch fallen. Sie können ihn ja später noch mal erwähnen, wenn das Gespräch auf Ihre Qualifikationen kommt.

2 BERUF: Wenn Sie davon ausgehen müssen, dass Ihr Gegenüber mit Ihrer Jobbezeichnung oder Ihrer Position nicht viel anfangen kann, sollten Sie am besten gleich eine Erklärung nachschieben. Erläutern Sie kurz, für welche Aufgaben Sie im Unternehmen zuständig sind, damit Ihr Gegenüber weiß, wann er sich in der Zukunft an Sie wenden kann.

3 FIRMA ODER AUFTRAGGEBER: Erklären Sie, für welches Unternehmen oder welchen Auftraggeber Sie arbeiten. Stellen Sie die Firma mit ein paar Worten vor und nennen Sie auch den Standort der Zentrale und der Niederlassungen. Sind Sie selbstständig? Dann erwähnen Sie, dass Sie ein eigenes Büro oder eine eigene Praxis haben oder in einer Bürogemeinschaft arbeiten. Wenn Sie ein Home-Office haben, können Sie das natürlich erwähnen – denken Sie aber immer daran, dass es auch heute noch Leute gibt, die etwas abschätzig über das Arbeiten in den eigenen vier Wänden urteilen. Im Zweifelsfall

können Sie diese Information auch später noch nachliefern, wenn es um organisatorische Angelegenheiten geht.

4 AUFGABENBEREICH: Erläutern Sie, für welche Aufgaben Sie zuständig sind und welche Rolle Sie innerhalb der Firma oder bei diesem Gespräch haben. Wenn Sie vor kurzem ein wichtiges Projekt abgeschlossen haben oder sich gerade mit einem besonders spannenden Thema beschäftigen, können Sie das erwähnen – Sie signalisieren damit, dass Sie ein interessanter Gesprächspartner sind.

Nicht zu viel auf einmal

Überrollen Sie Ihren Gesprächspartner nicht gleich mit allzu vielen Informationen auf einmal. Erarbeiten Sie am besten anhand der oben genannten Punkte eine kurze Selbstvorstellung und üben Sie sie mit einer Freundin. Ist es zu viel, können Sie rechtzeitig streichen. Machen Sie nach ein paar Sätzen eine Pause und warten Sie ab, ob Ihr Gegenüber etwas genauer wissen will. Wenn keine Nachfragen kommen, sollten Sie die Selbstpräsentation abschließen. Weitere Hinweise zu Ihrer Person können Sie auch noch zu einem späteren Zeitpunkt in das Gespräch einfließen lassen.

TIPP

→ Kommt ein Geschäftskunde zum ersten Mal zu Ihnen in die Firma, ist es üblich, dass er Ihnen seine Visitenkarte zuerst überreicht. Die angenommene Karte sollten Sie dabei zunächst aufmerksam lesen und nicht einfach ungelesen weglegen. Das würde Desinteresse signalisieren. Im Gegenzug überreichen Sie Ihre Karte.

Smalltalk öffnet die Türen

Wenn Sie bei einem Gespräch etwas erreichen wollen, sollten Sie nicht gleich mit der Tür ins Haus fallen. Vor allem wenn Ihnen das eigentliche Jobthema sehr wichtig ist, hilft es, erst einmal locker und leicht mit einem kurzen Smalltalk zu beginnen: Zeigen Sie sich von Ihrer menschlichen Seite und

Fettnäpfchen beim Smalltalk

Sie können gleich zu Beginn eines Gesprächs ins Fettnäpfchen treten, wenn Sie das falsche Thema anschneiden. Deshalb sollten Sie sich schon vorher ein paar Gedanken machen, was beim anderen gut ankommen könnte (siehe vordere Umschlagklappe). Hier ein paar Tipps, was Sie beim Smalltalk vermeiden sollten:

Themen:

- → eigene Fehler und Schwächen
- → Fehler und Schwächen des anderen
- → Geldthemen
- → Familienprobleme
- → Krankheit, Tod
- → Politik, Politiker
- → Religion, Sekten
- → Rassenprobleme
- → Witze mit sexuellen Anspielungen
- → Denksportaufgaben, Intelligenztests

Verhalten:

- → zu viele Entscheidungsfragen, Kreuzverhör
- → kritisieren
- → Vorwürfe machen
- → Schuld zuweisen
- → Recht haben wollen
- → sich lustig machen
- → jammern und klagen
- → Floskeln verwenden
- → Monologe halten
- → abwertende Bemerkungen über andere

gehen Sie offen, natürlich und höflich auf Ihr Gegenüber zu. Dabei brauchen Sie nichts Tiefschürfendes von sich zu geben. Wichtig ist, dass Sie mit Ihrem Gesprächspartner eine gemeinsame Wellenlänge finden. Denn wenn die Chemie stimmt, läuft es auch beim Jobtalk besser.

So lernen Sie, sich locker zu unterhalten

- Trainieren Sie den Smalltalk mit einer Freundin, beim Bäcker, mit dem Pförtner, in der Kantine, mit der Sekretärin, mit einem netten Kunden oder Kollegen. Denn auch Smalltalk kann man üben.
- Bitten Sie eine Freundin oder eine Kollegin, Sie beim Smalltalk zu beobachten und Ihnen ein Feedback zu geben (→ Seite 72 f.).
- Machen Sie sich keine Sorgen, wie es bei einem lockeren Gespräch weitergeht. Dann ist es auch nicht tragisch, wenn es mal eine Pause gibt. Solange Sie sich für Ihren Gesprächspartner interessieren, finden Sie immer wieder neue Anknüpfungspunkte.
- Wenn der andere unruhig wird und nicht mehr ganz Ohr ist, könnte das der richtige Zeitpunkt sein, um mit dem Businesstalk zu beginnen.

So vermeiden Sie Missverständnisse und Konflikte

Manchmal geht es ganz schnell: Sie machen ein paar unglückliche Bemerkungen – und schon schlägt die Stimmung um, das Gespräch gerät ins Stocken, Ihr Gegenüber zieht sich zurück. Eine Entschuldigung kommt dann oft zu spät, da der andere schon befürchtet, dass Sie ihm grundsätzlich nicht wohl gesonnen sind.

Damit es gar nicht erst so weit kommt, sollten Sie folgende Formulierungen aus Ihrem Wortschatz streichen:

»DAS MÜSSEN SIE TUN«: Gehen Sie höflich vor, indem Sie um etwas bitten oder die Aufforderung umschreiben. Beispiel: »Könnten Sie das bitte korrigieren?« (statt: »Das müssen Sie noch mal machen!«)

»SO FUNKTIONIERT DAS NICHT«: Wenn Sie eine Aussage anzweifeln, können Sie das auch tun, ohne dem anderen auf den Schlips zu treten. Beispiel: »Meiner Meinung nach geht das so …« (statt: »So klappt das nie!«)

»DAS KLAPPT NICHT«: Nehmen Sie die Wünsche Ihres Gesprächspartners ernst und versuchen Sie, ihn zufrieden zu stellen. Bieten Sie an, sich darum zu kümmern oder noch mal nachzufragen. Beispiel: »Mein Kollege ist dafür zuständig. Soll ich bei ihm mal nachfragen?« (statt: »Da kann ich Ihnen nicht weiterhelfen.«)

»DAS KANN NICHT SEIN«: Wenn Sie einen Gedankengang nicht nachvollziehen können, können Sie das auch positiv ausdrücken. Beispiel: »Das verstehe ich nicht. Könnten Sie mir das bitte noch mal genauer erklären?« (statt: »Das ist ja völliger Unsinn.«)

»DAS GEHT SO NICHT«: Belehrungen kommen nie gut an, weil Sie sich damit als Besserwisser aufspielen. Beispiel: »Möchten Sie, dass ich Ihnen das erkläre?« (statt: »Das haben Sie falsch gemacht.«)

Verabschieden Sie sich mit Stil

»Man sieht sich im Leben immer zweimal«. Deshalb ist es wichtig, jedes Gespräch freundlich und höflich zu beenden.

- Bedanken Sie sich für das Treffen und betonen Sie, was Sie an Ihrem Gesprächspartner positiv empfunden haben: Das Gespräch kann anregend oder spannend gewesen sein. Ihr Gegenüber hat vielleicht gute Ideen und Anregungen gebracht oder er hat Ihnen sehr aufmerksam zugehört und Ihre Vorschläge wohlwollend angenommen.
- Wenn es eine hitzige Diskussion oder ein Kritikgespräch war, bedanken Sie sich am Ende zumindest dafür, dass sich der andere Zeit für das Gespräch genommen hat. Das ist selbst dann eine nette Geste, wenn Sie nicht sonderlich an einer weiteren Verabredung interessiert sind und das auch signalisiert haben.
- Wenn Sie das Gespräch fortsetzen oder ein weiteres Treffen anberaumen wollen, versuchen Sie gleich vor Ort, einen Termin zu finden (Kalender nicht vergessen!). Damit zeigen Sie, wie wichtig Ihnen der Gesprächspartner ist.

Verständlich formulieren

Das A und O jeder Kommunikation ist, dass Sie sich verständlich und deutlich ausdrücken, damit Ihre Botschaft auch beim anderen ankommt. Mit den Worten und den Formulierungen ist das jedoch eine verzwickte Sache, weil wir manchmal erst beim Reden überlegen, was wir eigentlich sagen wollen. Hinzu kommt, dass wir uns in der Vorbereitung auf ein wichtiges Gespräch oder eine Rede oft schriftlich Notizen machen und dabei dem Anspruch des geschriebenen Wortes gerecht werden wollen. Später aber reden wir direkt mit unserem Gegenüber – aber für die gesprochene Sprache gelten andere Regeln. Grundsätzlich gilt:

- → Drücken Sie sich so einfach wie möglich aus, um alle Zuhörer zu erreichen. Sprechen Sie in kurzen und prägnanten Hauptsätzen mit höchstens einem Nebensatz.
- → Vermeiden Sie Fachwörter und Fremdwörter bzw. erklären Sie diese sofort im nächsten Satz. Auch mit Anglizismen und Modewörtern schließen Sie einige Zuhörer aus. Bleiben Sie deshalb auf einem allgemein verständlichen Niveau. Achten Sie in jedem Fall darauf, wen Sie vor sich haben. Verstehen alle die gleiche Fachsprache? Dann wird von Ihnen sogar erwartet, diese auch zu verwenden.
- → Sprechen Sie im Aktiv und benennen Sie denjenigen, der etwas tut, sagt oder macht. Versuchen Sie, die Worte »man« und »alle« und Aussagen wie »Es ist unklar« durch konkrete Angaben zu ersetzen.
- → Reden Sie im Indikativ und vermeiden Sie weitgehend Formulierungen mit »würde, hätte, sollte«, um deutlich zu machen, dass Sie hinter Ihren Argumenten stehen. Dies ist ganz besonders für Frauen wichtig, da sie häufig dazu neigen im Konjunktiv zu sprechen!

TIPP

→ Sprechen Sie Klartext! Vermeiden Sie Formulierungen, die Ihren Gesprächspartner im Unklaren lassen. Wenn Sie den Sachverhalt verniedlichen oder verharmlosen und die Dinge im Nachhinein relativieren, kann es zu Missverständnissen kommen – und all das Rätseln, Spekulieren und Interpretieren kostet nur unnötig Zeit!

2

- Fassen Sie sich kurz, denn Zuhörer erinnern sich später nur an wenige Aussagen. Allzu viele Informationen rauschen also an Ihrem Gegenüber vorbei. Kurz bedeutet: keine Füllwörter, keine Doppelungen, keine abgeschwächten Aussagen.
- Regen Sie die Phantasie an: Bringen Sie interessante und anschauliche Beispiele, verwenden Sie eine bildhafte Sprache, ziehen Sie immer wieder Vergleiche zum praktischen Leben und wählen Sie passende Metaphern aus (→ Seite 107). Vermeiden Sie Floskeln. Und ganz wichtig: Trauen Sie sich, Humor zu zeigen!

Sprechstil

Im Laufe der Jahre bilden wir unsere eigenen Gesprächsmuster aus: Wir reden laut oder leise, schnell oder langsam. Wir neigen vielleicht zum Nuscheln oder gewöhnen uns eine deutliche Aussprache an. Wir fassen uns kurz oder tendieren dazu etwas auszuholen und von Hölzchen auf Stöckchen zu kommen. Wir bewahren uns unseren Dialekt oder sprechen – zumindest im Job – hochdeutsch. Wir wollen uns mit einer Fachsprache Ansehen und Respekt verschaffen oder wir pfeifen auf die Gepflogenheiten in unserer Firma und zeigen unsere Individualität, indem wir Modewörter und etwas Szenejargon einfließen lassen.

Mit dem Sprechstil ist es wie mit der Stimme, der Körpersprache und dem Outfit: Wir senden Signale aus, die unser Gegenüber interpretiert. Schwieriger wird es, wenn Sie Raum für Mutmaßungen lassen – denn dann wird sich Ihr Gesprächspartner seinen eigenen Reim machen und fängt an, etwas in Sie hineinzudeuten, was vielleicht gar nicht stimmt und nicht zu Ihnen passt.

- → Beobachten Sie Ihre Kollegen und Ihre Vorgesetzten: Was gefällt Ihnen an deren Ausdrucksweise? Was stört Sie? Welcher Sprechstil lässt Raum für eigene Interpretationen?
- → Welcher Sprechstil passt zu Ihrem Typ und Ihrem Job? Wie wollen Sie wirken: seriös, leger, flippig, ehrgeizig oder kommunikativ? Fragen Sie eine Freundin oder Kollegin, an welchen Worten, Floskeln und Redewendungen sie solche Eigenschaften heraushört.
- → Beobachten Sie sich selbst bei verschiedenen Anlässen: Wie passen Sie sich Ihrem Gesprächspartner und dessen Sprechstil an? Wann fühlen Sie sich wohl und wann müssen Sie sich verstellen?

Direkt oder indirekt ansprechen?

Mit einem direkten oder indirekten Sprachstil senden Sie bestimmte Botschaften an Ihr Gegenüber. In der Regel wählt man bei emotionalen Themen instinktiv den **INDIREKTEN SPRACHSTIL**. Besonders Frauen neigen dazu, dann den indirekten Sprachstil zu wählen, wenn ihnen etwas sehr am Herzen liegt und wundern sich dann, dass sie das Gewünschte nicht erreichen. Dazu muss man wissen, dass oftmals diejenigen im **DIREKTEN SPRACHSTIL** sprechen, die von sich und dem was sie sagen, sehr überzeugt sind. Überlegen Sie sich vorher, was Sie erreichen wollen und wie Ihr Gegenüber auf Ihre direkte oder indirekte Sprache reagieren wird.

Bitten und Wünsche können Sie direkt, aber auch indirekt äußern. Missverständnisse entstehen hauptsächlich dann, wenn die Gesprächspartner nicht dieselbe Sprache sprechen.

DER DIREKTE SPRACHSTIL eignet sich, um klare Anweisungen zu geben, Gedanken und Wünsche auszusprechen und die Dinge beim Namen zu nennen.

- Beispiele: »Bitte übernehmen Sie das Projekt!« (Anweisung, Befehl), »Kann ich die Aufgabe übernehmen?« (Entscheidungsfrage).
- Vorteile: Mit dem direkten Sprachstil können Sie Zeit sparen, Informationen vermitteln, ein konkretes Ziel verfolgen, Missverständnissen vorbeugen und eine Gefahr abwehren. Die direkte Ansprache bietet sich also an, wenn es schnell gehen muss, wenn beide Seiten die Hierarchie akzeptieren und wenn beide es gewohnt sind, direkt miteinander umzugehen.
- Nachteile: Ihr Gesprächspartner kann Sie als unhöflich empfinden oder beleidigt reagieren.

DER INDIREKTE SPRACHSTIL eignet sich, wenn Sie einen (kritischen) Sachverhalt ansprechen wollen, eine schwierige Beziehung entschärfen wollen und wenn es Ihnen nicht ganz so wichtig ist, Ihr Ziel zu erreichen.

- Beispiele: »Das Projekt fände ich spannend« (Konjunktiv), »Wie wäre es, wenn ich das Projekt übernehmen würde?« (offene Frage).
- Vorteile: Wenn Sie indirekt vorgehen, wirken Sie höflich und zeigen Respekt. Sie können auf diese Weise eine Situation oder eine Stimmung erkunden und Konfrontationen vermeiden. Sie schützen sich selbst und den anderen und können leichter einen Rückzieher machen. Das funktioniert aber nur, wenn sich beide Gesprächspartner ohne Worte verstehen und wenn keiner auf seine Macht pochen will. Vor allem für Konfliktsituationen eignet sich der indirekte Sprachstil.
- Nachteile: Wenn Sie indirekt formulieren, kann es sein, dass Sie und Ihr Gesprächspartner aneinander vorbeireden.

Nein sagen können Sie lernen

Wer Ja sagt, aber eigentlich Nein meint, tut sich nichts Gutes. Denn dann müssen Sie sich verstellen – Sie wecken falsche Hoffnungen und vernachlässigen Ihre eigenen Bedürfnisse. Nach außen wirken Sie

Goldene Regeln für...

... Frauen, die mit Männern sprechen

- Viele Männer geben sich wenig Mühe, indirekte Botschaften zu entschlüsseln. Wenn Sie etwas von einem Mann wollen, sagen Sie es deshalb klar und deutlich.
- Manche Männer fallen Frauen gern ins Wort. Lassen Sie sich davon nicht einschüchtern, sondern sprechen Sie denjenigen mit Namen und mit einer Ich-Botschaft an: »Herr Müller, kann ich den Satz bitte noch zu Ende führen?« Oder noch besser: »Bitte lassen Sie mich ausreden.«
- Viele Männer zeigen ihre Schwächen nicht gern. Geben Sie einem Mann deshalb nur dann Ratschläge, wenn er Sie darum gebeten hat.

... Männer, die mit Frauen sprechen

- Vielen Frauen geht es bei Gesprächen darum, Bindungen zu schaffen und gemeinsam zum Ziel zu kommen. Machen Sie deshalb nach ein paar Sätzen eine Pause und lassen Sie Ihre Gesprächspartnerin zu Wort kommen.
- Viele Frauen entwickeln Vorschläge und Lösungen während des Redens. Zeigen Sie deshalb etwas Geduld und hören Sie aktiv zu (→ Seite 52).
- Vielen Frauen ist es wichtig, ihre Gefühle auszudrücken und eigene Erfahrungen einzubringen. Zeigen Sie Verständnis und geben Sie zu erkennen, dass Sie die Stimmungen und Gefühle wahrgenommen haben.

dann wenig selbstbewusst und es kann sein, dass man Sie nicht ernst nimmt oder sogar ausnutzt.

WICHTIG: Seien Sie ehrlich zu sich selbst und zu den anderen. Wählen Sie die richtigen Worte, um mit Ihrem Nein niemandem auf die Füße zu treten. Bieten Sie nach dem Nein eine andere Lösung oder einen anderen Termin an – damit zeigen Sie, dass Sie den anderen nicht verprellen und weiter im Gespräch bleiben wollen.

- Mit einem wohlwollenden Nein zeigen Sie Ihre Grenzen auf und verschaffen sich auf lange Sicht Respekt.
- Sagen Sie klar und deutlich Nein, wenn jemand unverschämte Forderungen an Sie stellt, wenn Sie jemand über den Tisch ziehen will, wenn Ihnen jemand zu nahe kommt oder rücksichtslos ist. Verzichten Sie dann auf jegliche Begründung und zeigen Sie keine Alternativen auf. Ihre Botschaft: Bis hierhin und nicht weiter!

Textbausteine: Nein sagen

- Werden Sie beispielsweise gefragt, ob Sie dieses Projekt übernehmen würden, dann können Sie in drei Schritten wohlwollend Nein sagen und ein Alternativangebot machen:
  1. Nein-Sagen: »Nein, das möchte ich nicht.«
  2. Begründung: »Für mich würde das bedeuten … und das möchte ich nicht.«
  3. Alternativangebot: »Ich kann aber gern … tun.«
- Wenn Sie das Projekt zwar übernehmen wollen, aber nur mit einer Bedingung verknüpft, können Sie in zwei Schritten Ja sagen:
  1. Ja-Sagen: »Ja, das mache ich gern.«
  2. Einschränkung: »Allerdings möchte ich es dann so … machen.«

Überzeugend argumentieren

Wenn wir jemandem etwas erzählen wollen, gehen wir meist in drei Schritten vor: Im Märchen erfüllt die gute Fee drei Wünsche, viele Witze basieren auf einem Dreier-Rhythmus, auch bei Aufzählungen nennen wir oft drei Beispiele. Und aus dem Deutsch-Unterricht kennen Sie sicherlich die Regel, dass sich ein Aufsatz gliedert in: Einleitung – Hauptteil – Schluss.

ÜBUNG

Wortschatz-Training

- **Übung 1:** Drücken Sie sich positiv aus. Sagen Sie »Das ist für mich eine große Herausforderung« (statt: »Das ist ein Problem«), »Stimmt so« (statt: »Kein Problem«), »Ich will« (statt: »Ich muss«), »Ich kümmere mich darum« (statt: »Dafür bin ich nicht zuständig«), »Vielleicht gibt es doch eine Möglichkeit« (statt: »Das geht nicht«) usw.
- **Übung 2:** Vermeiden Sie das Passiv und das Wörtchen »man«. Versuchen Sie stattdessen denjenigen zu benennen, der gerade handelt. Beispiele: »Der Moderator bittet die Teilnehmer pünktlich zu sein« (statt: »Die Teilnehmer werden gebeten pünktlich zu sein«), »Darüber sollten wir noch mal nachdenken« (statt: »Darüber sollte man noch mal nachdenken«).
- **Übung 3:** Ersetzen Sie Worte, die auf -heit, -keit und -ung enden, durch die Verben und Adjektive, die im Wortstamm stecken. Auch zu viele Substantive in einem Satz sollten Sie vermeiden. Beispiele: »Ich bin mir sicher, dass das so nicht funktioniert« (statt: »Das funktioniert mit Sicherheit nicht«), »Wir sollten dabei sachlich bleiben« (statt: »Dabei ist Sachlichkeit angebracht«), »Die Pressestelle hat gemeldet, dass …« (statt: »Die Pressestelle hat eine Meldung zum Thema X verschickt«).
- **Übung 4:** Spielen Sie mit Worten und Redewendungen (für den Einstieg helfen auch Spiele wie Scrabble, Activity, …).
- **Übung 5:** Sprechen Sie möglichst viele Sätze nach, die Sie im Radio oder im Fernsehen hören. So holen Sie Begriffe, die Sie lange nicht benutzt haben, in Ihren aktiven Wortschatz.

Beim Argumentieren hat es sich bewährt, den Hauptteil noch einmal in drei Punkte zu gliedern. Sie können aus einzelnen Sätzen oder aus längeren Informationsblöcken bestehen. Da für den Hauptteil verschiedene Varianten möglich sind (→ Seite 40 f.), ergibt sich eine Struktur, die sehr flexibel ist und die Sie sich leicht merken können:

1. Einleitung: Problem, Thema, Fragestellung
2. Hauptteil A
3. Hauptteil B
4. Hauptteil C
5. Schluss / Zielsatz: Was wollen Sie erreichen?

2

So bereiten Sie sich vor

→ Bauen Sie Ihre Argumentation von hinten auf und überlegen Sie sich für den fünften Schritt: Was wollen Sie erreichen? Wollen Sie den anderen von Ihrer Meinung überzeugen? Soll sich Ihr Gegenüber entscheiden? Wollen Sie die Zuhörer zum Handeln bewegen?

→ Danach überlegen Sie sich eine Einleitung und die drei Argumente für den Hauptteil. Entscheiden Sie sich bewusst für eine Variante (→ Seite 40 f.) und führen Sie die Zuhörer Schritt für Schritt zum Zielsatz.

→ Damit Sie im entscheidenden Moment alle Argumente parat haben, notieren Sie sich vorab die wichtigsten Stichpunkte. So ein Spickzettel beruhigt ungemein und notfalls können Sie draufschauen – das wird Ihnen nicht als Schwäche ausgelegt. Vielmehr zeigen Sie damit, dass Sie sich gut vorbereitet haben.

TIPP

Pausen machen!

→ Machen Sie am Ende Ihrer Argumentation eine Pause. Auch wenn der andere nicht sofort etwas sagt: Hängen Sie nichts mehr dran – es würde alles nur wieder verwässern. Wenn nach ein paar Atemzügen immer noch nichts kommt, können Sie ganz offen fragen: »Und was sagen Sie dazu?«

Acht Spielarten

Das beste Argument zum Schluss

1. Einleitung: Um welches Thema geht es?
2. Hauptteil A: gutes, nachvollziehbares Argument
3. Hauptteil B: mehrere Randargumente
4. Hauptteil C: Ihr bestes Argument
5. Zielsatz: Ich bin deshalb dafür...

Vom Allgemeinen zum Besonderen

1. Einleitung: allgemeines Statement
2. Hauptteil A: Was bedeutet das für Ihre Firma?
3. Hauptteil B: erstes Argument
4. Hauptteil C: zweites Argument
5. Zielsatz: Ich möchte Sie deshalb bitten...

Eine neue Sichtweise ins Spiel bringen

1. Einleitung: bisherige Arbeitsweise
2. Hauptteil A: Kernfrage
3. Hauptteil B: eine andere Sichtweise
4. Hauptteil C: völlig neue Fragestellung
5. Zielsatz: Welche Frage müssen wir jetzt beantworten?

Problemlösungsaufbau

1. Einleitung: Welcher Ist-Zustand soll geändert werden?
2. Hauptteil A: Welche Gründe gibt es?
3. Hauptteil B: Wie würde ich das Problem lösen?

4. Hauptteil C: Wie kann ich das begründen?
5. Schluss: Lassen Sie uns also ...

Entscheidungsaufbau

1. Einleitung: Was müssen wir entscheiden?
2. Hauptteil A: verschiedene Lösungen sind möglich
3. Hauptteil B: Welches Ziel und welche Kriterien sind wichtig?
4. Hauptteil C: Welche Lösung kommt also in Frage?
5. Schluss: Entscheiden Sie sich bitte für ...

Pro- und Contra-Aufbau

1. Einleitung: Um was geht es?
2. Hauptteil A: Was spricht dafür?
3. Hauptteil B: Was spricht dagegen?
4. Hauptteil C: Welche Seite wiegt schwerer?
5. Schluss: Ich bin für ... / Ich bin gegen ...

Standpunkt-Aufbau

1. Einleitung: Für was stehe ich?
2. Hauptteil A: Was spricht für meinen Standpunkt?
3. Hauptteil B: Was stärkt meinen Standpunkt?
4. Hauptteil C: Welche Konsequenz hat das?
5. Schluss: Bitte schließen Sie sich meiner Meinung an!

Kompromiss-Methode

1. Einleitung: Herr Müller sagte eben ...
2. Hauptteil A: Frau Schulze hielt dem entgegen, dass ...
3. Hauptteil B: Beide sind der Meinung, dass ...
4. Hauptteil C: Meine Meinung dazu ist ...
5. Schluss: Wie kommen wir jetzt weiter?

... für die Fünf-Schritte-Argumentation

Das Argumentieren können Sie üben, indem Sie mit einer Freundin über ein Thema sprechen, dass Ihnen persönlich am Herzen liegt oder über das in der Firma gerade heiß diskutiert wird. Notieren Sie das Thema in Stichworten und überlegen Sie, welche der acht Argumentationsketten geeignet wäre.

- **Das beste Argument zum Schluss**

  Welche drei Argumente sprechen dafür, das Angebot Ihrer Firma nicht weiter auszudehnen?

- **Vom Allgemeinen zum Besonderen**

  Begründen Sie, warum Sie Großraumbüros sinnvoll finden.

- **Eine neue Sichtweise ins Spiel bringen**

  Bislang gab es keine Abteilungsleiterin mit einem Teilzeitjob. Bringen Sie einen neuen Aspekt.

- **Problemlösungsaufbau**

  Schlagen Sie eine Lösung für das Überstunden-Problem in Ihrer Firma vor.

- **Entscheidungsaufbau**

  Zu welchem Thema sollte Ihre Firma die nächste Pressekonferenz ankündigen?

- **Pro- und Contra-Aufbau**

  Wägen Sie die Vor- und Nachteile der Gleitzeit gegeneinander ab.

- **Standpunkt-Aufbau**

  Finden Sie Argumente dafür, die Ladenschlusszeiten aufzuheben.

- **Kompromiss-Methode**

  Wohin soll Ihrer Meinung nach der Betriebsausflug gehen?

Paroli geben!

Manchmal geht es Schlag auf Schlag: Da gibt ein Wort das andere und Sie sind voll in Ihrem Element, weil Sie sich gut auf das Gespräch oder die Rede vorbereitet haben. Doch dann macht Ihr Kollege einen dummen Spruch, Ihre Abteilungsleiterin will Ihre Ideen abwürgen oder Ihr Auftraggeber versucht, Sie zu manipulieren.

In solchen Situationen bleibt vielen erst einmal die Luft weg. Was dann hilft: Atmen Sie tief durch und versuchen Sie gelassen zu bleiben. Setzen Sie sich nicht unter Druck, indem Sie von sich erwarten, sofort eine originelle und witzige Retourkutsche parat haben zu müssen.

2

Drei Strategien zur Auswahl

Grundsätzlich haben Sie drei Möglichkeiten, auf dumme Sprüche, abwehrende Phrasen und Manipulationsversuche zu reagieren:

1. INS LEERE LAUFEN LASSEN: Sie machen eine sachliche Feststellung, neutralisieren die Aussage oder hinterfragen die Absicht.
2. DEN WIND AUS DEN SEGELN NEHMEN: Sie geben Ihrem Gegenüber mit einem leicht ironischen Tonfall Recht oder Sie leiten die Aussage in eine ganz andere Richtung um.
3. CONTRA GEBEN: Sie bringen den anderen durch eine Gegenfrage in Zugzwang, Sie machen ihm ein Kompliment, Sie konfrontieren ihn mit den Tatsachen oder weisen darauf hin, welche Spielregeln für das Gespräch gelten sollten.

Lassen Sie sich nicht einschüchtern

»Sind Sie sich da wirklich so sicher?«, »Davon haben Sie doch gar keine Ahnung« oder »Das war schon immer so« – solche Phrasen sol-

TIPP

Die Sandwich-Methode

Fallen Sie mit Ihrer Kritik nicht sofort ins Haus, sondern verbinden Sie sie mit zwei lobenden Aussagen. Diese Methode erinnert an ein Sandwich, bei dem Sie den Belag zwischen zwei Brötchenhälften packen.

→ Lob: »Mir hat gut gefallen ...«, »Prima fand ich ...«, »Was Ihnen besonders gut gelungen ist...«

→ Kritik: »Nicht so gut fand ich ...«, »Was mir negativ aufgefallen ist ...«

→ Lob bzw. Vorschlag: »Alles in allem fand ich gut ...«, »Ich hätte mir gewünscht ...«, »Ich hätte noch etwas mehr davon gehabt, wenn ...«

len den Gesprächspartner verunsichern, einschüchtern oder mundtot machen. Versuchen Sie, souverän auf solche Sprüche zu reagieren:

→ Erkunden Sie mit Gegenfragen die Absicht: »Was meinen Sie damit?«, »Wie schätzen Sie das ein?«, »Welche Bedenken haben Sie?«, »Wie könnten wir es trotzdem schaffen?«.

→ Halten Sie Ihre Erfahrungen und Sachargumente dem Einwurf entgegen: »Das habe ich in der Ausbildung / im Studium so gelernt«, »Bei dem Projekt... war ich mit dieser Vorgehensweise sehr erfolgreich«, »Neulich haben Sie mich genau deswegen gelobt«, »Die Studie... kommt auch zu diesem Ergebnis«, »Auch der Experte/Professor ... hat festgestellt, dass ...«.

→ Damit sich die Emotionen nicht hochschaukeln, sollten Sie so ruhig wie möglich bleiben. Versuchen Sie es beispielsweise mit folgenden Reaktionen: »Ich kann Ihren Ärger verstehen. Aber wie können wir jetzt weiter machen?«, »Auf diesem Niveau möchte ich mich nicht mit Ihnen unterhalten«, »So kommen wir nicht weiter. Wann können wir noch einmal darüber reden?« oder »Lassen Sie uns bitte etwas sachlicher werden«.

So reagieren Sie auf dumme Sprüche

Die Hamburger Kommunikationstrainerin und Bestsellerautorin Barbara Berckhan erklärt, wie Sie sich mit wenig Aufwand gegen dumme Sprüche wehren können:

- Stumm bleiben: Starren Sie den anderen mit weit aufgerissenen Augen an, nicken Sie oder lächeln Sie etwas übertrieben, zucken Sie kurz mit den Schultern oder holen Sie sich ein Blatt Papier und schreiben Sie die Bemerkung mit großen Buchstaben auf. Erklären Sie Ihr Verhalten aber nicht, sondern machen Sie einfach mit dem weiter, was sowieso gerade im Moment anlag.
- Thema wechseln: Tun Sie so, als ob Sie die Bemerkung nicht gehört hätten, und schneiden Sie einfach ein anderes Gesprächsthema an. Begründen Sie diese Umleitung nicht und bleiben Sie ganz sachlich.
- Mit zwei Silben kommentieren: Sagen Sie nur kurz »Ach was«, »Aha«, »Soso«, »Sag bloß« oder »Ach nee«. Nicht mehr und nicht weniger. Machen Sie eine Pause, jetzt ist der andere wieder dran.

Manipulation – nein Danke!

Zum Manipulieren gehören Taktiken wie Ablenken, Einwickeln, Täuschen und Lügen. Wenn Sie das Gefühl haben, dass Ihr Verhandlungspartner mit solch unlauteren Methoden arbeitet, sollten Sie ihn spüren lassen, dass er bei Ihnen nicht damit durchkommt. So können Sie sich gegen faule Tricks wehren:

WERDEN SIE AKTIV: Wenn Sie die Manipulationsversuche unkom-

TIPP

Mobbing

→ Wenn Sie das Gefühl haben, Opfer von Mobbing-Angriffen geworden zu sein, können Sie sich im Internet informieren (z.B. unter www.mobbing-abwehr.de). Spezielle Beratungsstellen vor Ort finden Sie im Telefonbuch.

mentiert lassen, wiegt sich Ihr Gegenüber in Sicherheit. So zeigen Sie sich von Ihrer schwachen Seite und werden wahrscheinlich häufiger zum Opfer. Wer dem anderen selbstbewusst die Stirn bietet, hat meistens bessere Chancen.

HALTEN SIE BLICKKONTAKT: Mit Ihrer Körpersprache können Sie ausdrücken: »Halt, bis hierher und nicht weiter!« Schauen Sie Ihrem Gegenüber in die Augen, stehen oder sitzen Sie aufrecht und halten Sie einen gewissen räumlichen Abstand ein.

ZEIGEN SIE VERSTÄNDNIS: Sagen Sie, dass Sie in Ihrem Gegenüber einen raffinierten Verkäufer oder einen erfahrenen Kollegen sehen und dessen Argumente nachvollziehen können, aber noch nicht ganz überzeugt sind oder eine andere Meinung haben.

SPRECHEN SIE DAS PROBLEM AN: Fragen Sie nach den Details und haken Sie bei unverständlichen Antworten genau nach. Bitten Sie darum, alles noch einmal Punkt für Punkt durchzugehen, damit es keine Missverständnisse gibt. Deuten Sie an, dass Ihnen bei dem Gespräch nicht ganz wohl ist und bitten Sie um etwas Bedenkzeit. Oder sagen Sie, dass Sie noch einen Experten zu Rate ziehen wollen, bevor Sie sich entscheiden.

ZIEHEN SIE GRENZEN: Sagen Sie Ihrem Gegenüber klar und deutlich, dass Sie seine Methoden durchschaut haben und belegen Sie das auch mit Beispielen. Geben Sie dem anderen aber eine Chance, alles wieder gerade zu rücken und dann noch einmal von vorn anzufangen. Wenn es sich um Kollegen handelt, können Sie sich überlegen, die Angelegenheit mit Hilfe Ihres Vorgesetzten oder eventuell zusammen mit dem Betriebsrat zu regeln.

FORDERN SIE UNTERSTÜTZUNG AN: Manchmal hilft es, die Situation zu entschärfen, wenn eine dritte Person dazukommt, die neutral und objektiv urteilt.

WICHTIG: Egal mit welchen faulen Tricks Ihr Gegenüber arbeitet, beziehen Sie es niemals auf Ihre Person, sondern immer auf die Sache!

Knigge fürs Telefonieren

Wenn Sie anrufen ...

... müssen Sie den anderen zum richtigen Zeitpunkt erwischen. Vereinbaren Sie deshalb für wichtige Gespräche per Mail oder über die Sekretärin einen Termin.

... kann es sein, dass Sie den anderen vielleicht gerade stören. Fragen Sie einfach nach: »Hätten Sie gerade ein paar Minuten Zeit für mich?« Bieten Sie eine Alternative an: »Wann würde es Ihnen besser passen?«

... können Sie gleich zu Beginn eine angenehme Gesprächsatmosphäre schaffen, indem Sie sagen: »Schön, dass ich Sie gleich erreicht habe.«

... sollten Sie sich kurz fassen. Nerven Sie Ihren Gesprächspartner nicht mit langen Ausführungen, dann hört er irgendwann nur noch mit halbem Ohr zu.

... sollten Sie nebenbei nichts essen, trinken oder rauchen – das wirkt unhöflich. Auch wenn Sie während des Telefonierens tippen, kann der andere das als Desinteresse interpretieren.

Wenn Sie angerufen werden ...

... sollten Sie sich überlegen, ob Sie wirklich Zeit zum Sprechen haben. Lassen Sie den Anrufer lieber aufs Band sprechen und rufen ihn dann zurück.

... sollten Sie den Hörer erst dann abheben, wenn Sie frei sprechen können. Falls Sie gerade etwas gegessen haben, sollten Sie also erst auskauen und runterschlucken. Wenn Sie zum Telefon laufen müssen, schnaufen Sie erst kurz durch.

... und der Anrufer eine Kollegin sprechen möchte, die gerade nicht da ist, sagen Sie, wann sie zurück ist. Bieten Sie Ihre Hilfe an: »Wie kann ich Ihnen weiterhelfen?«

3 Im 4-Augen-Gespräch überzeugen

→ Viele Gespräche im Job finden unter vier Augen statt: Bei Vorstellungsgesprächen, Gehaltsverhandlungen und Zielgesprächen müssen Sie Ihrem Vorgesetzten deutlich machen, wer Sie sind, was Sie wert sind und wie Sie sich weiter entwickeln wollen. Im Folgenden erfahren Sie, mit welchen Verhandlungsstrategien Sie einen guten Eindruck machen können.

Tools für das Treffen zu zweit

Wenn Sie mit einem Kollegen, Ihrem Vorgesetzten, einem Kunden oder einem Auftraggeber sprechen, können Sie einen guten Eindruck hinterlassen, indem Sie ein paar Regeln beherzigen: Versuchen Sie zunächst einmal eine positive Einstellung zu Ihrem Gesprächspartner und zum Anlass des Gesprächs zu gewinnen – denn wer eine gute Stimmung verbreitet, hat schon halb gewonnen. Auch wichtig: Hören Sie Ihrem Gesprächspartner aktiv zu und stellen Sie zwischendurch immer wieder mal ein paar Fragen – damit zeigen Sie dem anderen, dass Sie ihn ernst nehmen und sich in seine Position hineindenken wollen. Selbst wenn Sie das Gespräch auf einen Kritikpunkt lenken müssen, lässt sich das glimpflich über die Bühne bringen. Das nötige Basiswissen für 4-Augen-Gespräche haben Sie schon in Kapitel 2 (→ Seite 16f.) kennen gelernt. Spezielle Tools finden Sie im Folgenden.

Der erste Eindruck zählt

Wenn Sie Ihren Chef, einen Kunden oder einen Auftraggeber das erste Mal treffen, macht er sich sofort ein Bild von Ihnen: Sind Sie passend zu Ihrem Typ und zum Anlass gekleidet? Wirken Sie freundlich, offen und entspannt? Sind Sie höflich und zeigen Sie Selbstbewusstsein? All diese Fragen beantwortet sich Ihr Gegenüber zwar in null Komma nichts, doch lassen Sie sich davon nicht unter allzu großen Erfolgsdruck setzen. Es heißt zwar: »Einen ersten Eindruck kann man nicht zweimal machen« – aber jeder weiß von sich selbst, dass man die Sichtweise im Laufe eines Gesprächs manchmal auch wieder ändert. Bei Ihrem Gegenüber können Sie Pluspunkte sammeln, wenn Sie folgende Tipps beherzigen:

- Gehen Sie lächelnd auf Ihren Gesprächspartner zu und strecken Sie ihm schon auf dem Weg die Hand entgegen. Üben Sie mit einer Freundin oder einer Kollegin den richtigen Händedruck: Wenn Sie zu lasch zugreifen, könnte das unsicher wirken. Wer kräftig zupackt, signalisiert: »Ich bin stark und lasse mich nicht einschüchtern.« Aber bitte übertreiben Sie es nicht. Vor allem Frauen könnten eine solche Geste als rücksichtslos deuten.
- Stimmen Sie sich positiv auf Ihren Gesprächspartner ein und betrachten Sie den anderen als Ihren Partner und nicht als Gegner. Das Gespräch ist schließlich kein Kampf, sondern kann bestenfalls Ihnen beiden etwas bringen.
- Schauen Sie Ihrem Gesprächspartner in die Augen und halten Sie den Blickkontakt. Lächeln Sie bei einem ernsten Thema besser nicht allzu oft, das könnte sonst so wirken, als ob Sie sich einschmeicheln wollen. Zeigen Sie eher durch einen konzentrierten Blick, dass Sie voll und ganz beim Gespräch sind.
- Sympathisch wirken Sie, wenn Sie Ihrem Gesprächspartner aktiv zuhören (→ Seite 52 f.), wenn Sie immer wieder mal eine gezielte Frage stellen (→ Seite 55 f.) und nicht allzu ausschweifend auf die Fragen Ihres Gegenübers antworten (→ Seite 32 f.).
- Drücken Sie sich grundsätzlich positiv aus (→ Seite 38): Bei einem Bewerbungsgespräch möchte Ihr zukünftiger Chef zum Beispiel hören, dass Sie hoch motiviert sind. Zeigen Sie Ihr Interesse an dem Job, indem Sie sagen: »Das wäre genau die richtige Aufgabe für mich.«
- Beweisen Sie auch bei schwierigen Gesprächen, dass Sie Humor haben. Wenn Sie die Dinge etwas lockerer sehen, kann sich auch Ihr Gegenüber entspannen.

Kennen Sie Ihr Gegenüber?

Versuchen Sie vor dem Gespräch herauszufinden, was für einen Menschen Sie vor sich haben. Dann können Sie sich besser auf den Typ einstellen, treten nicht ins Fettnäpfchen und erleben keine bösen Überraschungen. Gehen Sie die folgenden Fragen durch, auch wenn Ihr Gesprächspartner Ihr langjähriger Chef oder Kunde ist!

- FAKTEN: Sie sollten in jedem Fall die genaue (Hierarchie-)Position Ihres Gegenübers kennen. Bestenfalls bringen Sie sogar noch etwas über seine Hobbys in Erfahrung.
- CHARAKTEREIGENSCHAFTEN: Welche Einstellungen und Überzeugungen hat Ihr Gesprächspartner? Was sagen andere über ihn?
- VORLIEBEN UND ABNEIGUNGEN: Was könnten Sie ansprechen, um bei Ihrem Gegenüber Eindruck zu machen? Welche heiklen oder schwierigen Themen sollten Sie tunlichst nicht anschneiden?
- BEWUNDERUNG UND ABNEIGUNGEN: Was mögen Sie an Ihrem Gesprächspartner? Was können Sie hingegen nicht leiden – und warum nicht?
- VORTEILE: Welchen Nutzen könnte das Gespräch für Sie haben?
- MITBRINGSEL: Mit was könnten Sie Ihrem Gesprächspartner zeigen, dass Sie seine Arbeit aufmerksam verfolgen (Fachartikel, Anzeige etc.)?

TIPP

→ Sicherlich kennen Sie das auch: Sie sprechen mit jemandem persönlich oder am Telefon und der andere redet Sie mit Ihrem (korrekten) Namen an – wenn das nur einmal passiert, fühlen Sie sich meistens geschmeichelt, weil der andere Ihnen damit zeigt, dass er sich Ihren Namen gemerkt hat. Doch wehe, wenn es jemand mit der direkten Ansprache übertreibt und in jeden zweiten Satz Ihren Namen einbaut: Das klingt dann eher unterwürfig und hinterlässt deshalb keinen allzu guten Eindruck. Denken Sie also daran: »Weniger ist manchmal mehr!«

CHECKLISTE

Aktives Zuhören

Der amerikanische Psychologe Thomas Gordon hat Kriterien für das »aktive Zuhören« aufgestellt. Beobachten Sie sich selbst kritisch. Wenn Sie mehr als die Hälfte der Fragen mit Ja beantworten können, sind Sie auf dem besten Wege, tatsächlich aktiv zuzuhören. Ein wahrer Profi wären Sie, wenn Sie für alle Gesprächssituationen sagen könnten: »Das mache ich immer!«

ohne Worte

- Lassen Sie Ihren Gesprächspartner (immer) ausreden?
- Bleiben Sie konzentriert dabei?
- Können Sie kurze Gesprächspausen zulassen?
- Konzentrieren Sie sich zuerst auf das, was Sie hören, und dann erst auf das, was Sie sagen möchten?
- Schauen Sie dem anderen in die Augen, während er zu Ihnen spricht?
- Nicken Sie gelegentlich mit dem Kopf, um dem anderen zuzustimmen?
- Lächeln Sie, wenn Ihr Gegenüber etwas Nettes erzählt?
- Runzeln Sie manchmal die Stirn, um Ihr Missfallen auszudrücken – ohne gleich einen Kommentar abzugeben?

mit Worten

- Streuen Sie kurze Kommentare wie »hm«, »interessant« oder »stimmt« ein, um Ihrem Gegenüber zu zeigen, dass Sie konzentriert dabei sind?
- Fassen Sie das Gehörte zwischendurch mit eigenen Worten zusammen, ohne es zu bewerten?
- Stellen Sie kurze Verständnisfragen, um einen schwierigen Sachverhalt sofort zu klären?

Aktiv zuhören

Nicht nur Reden, sondern auch Zuhören will gelernt sein. Denn nur dann, wenn Sie genau hinhören, erfahren Sie viel über Ihr Gegenüber, über dessen Gefühle und Motive – vor allem bei schwierigen und emotionalen Themen hilft das Zuhören, sich auf den anderen einzustellen.

Gute Zuhörer werden oft um Rat gebeten und ins Vertrauen gezogen, schlechte Zuhörer hingegen nehmen sich diese Chance: Sie stehen zwar selbst im Mittelpunkt, müssen aber – mangels Informationen aus erster Hand – oft rätseln, welchen Standpunkt der andere hat. Das kann zu Missverständnissen und Konflikten führen und bringt Quasselstrippen keinen sonderlich guten Ruf ein.

Häufige Fehler beim Zuhören

- Sie unterbrechen Ihren Gesprächspartner häufig, obwohl er seinen Gedanken noch nicht zu Ende erklärt hat.
- Sie ergänzen die Sätze des anderen und signalisieren ihm so, dass Sie schon alles wissen.
- Sie machen sich Notizen zu anderen Themen, blättern in Ihren Unterlagen oder tippen etwas in den Computer.
- Sie überhören das Wesentliche, weil Sie im Geiste schon weiter sind.
- Sie sagen voreilig »Ja« oder »Nein« und müssen Ihre Aussage später wieder ändern.

Wie gut können Sie zuhören?

»Der Ton macht die Musik«, sagen wir, wenn wir aus dem Gesagten einen Unterton heraushören, der uns missfällt. Wenn Sie ganz Ohr sind, stellen Sie fest: Wer etwas sagt, kann das nicht nur auf eine Art meinen, sondern hat die Auswahl zwischen vier Ebenen. Erschwerend kommt hinzu, dass Ihr Gegenüber jede Aussage auch auf diesen vier Ebenen interpretieren kann.

Beispiele: »Warum zögern Sie noch?«, »Sie sind aber ganz schön überzeugt von sich selbst!« oder »Die Idee gefällt mir schon recht gut!«

1. SACH-OHR: Wie ist der Sachverhalt zu verstehen?
2. BEZIEHUNGS-OHR: Wie redet er mit mir? Was hält er von mir?
3. SELBSTOFFENBARUNGS-OHR: Was ist das für einer? Was will er?
4. APPELL-OHR: Was soll ich tun, denken, fühlen?

ÜBUNG

Wie gut können Sie zuhören?

Hören Sie in den nächsten Tagen mal genau hin, wenn Kollegen oder Ihr Chef eine Bemerkung machen. Notieren Sie sich den Wortlaut und überlegen Sie, auf welchem Ohr Sie zugehört haben. Wenn Sie das nächste Mal eine ähnliche Bemerkung hören, können Sie sich bewusst entscheiden, auf welchem Ohr Sie hinhören wollen. Beispiel: Sie kommen morgens ins Büro und Ihre Kollegin sagt: »Na, auch schon da?« Hören Sie dann auf dem Sach-Ohr, dass Ihre Kollegin einfach nur bemerkt hat, dass Sie etwas zu spät sind? Oder kommt die Botschaft auf Ihrem Beziehungs-Ohr an? Dann wäre Ihre Reaktion vielleicht: »Sie macht sich wohl Gedanken um mich, weil ich in letzter Zeit öfter mal spät dran war.« Oder klingelt es in Ihrem Selbstoffenbarungs-Ohr? Ihr Impuls könnte dann sein: »Die will sich ja nur wichtig machen.« Auf dem Appell-Ohr würden Sie vielleicht hören: »Sie will mir damit sagen, dass ich in Zukunft pünktlicher sein soll. Vielleicht sollte ich den Wecker wirklich zehn Minuten früher klingeln lassen.«

So erleichtern Sie anderen das Zuhören

Wer ohne Punkt und Komma redet, macht seinem Gegenüber das Zuhören schwer. Fragen Sie sich selbstkritisch: Holen Sie häufig etwas weiter aus? Schweifen Sie gern mal vom Thema ab?

Bei wichtigen Gesprächen kommen Quasselstrippen nicht gut an, denn Zeit ist Geld. Überlegen Sie deshalb vorher, was Sie erreichen wollen:

- → Notieren Sie sich die wichtigsten Stichpunkte.
- → Halten Sie sich beim Gespräch konsequent an Ihre Planung und beherzigen Sie die Regel: »Weniger ist manchmal mehr.«
- → Bitten Sie eine Kollegin, Sie freundlich darauf hinzuweisen, dass Sie wieder mal zu ausschweifend werden. Einigen Sie sich bei gemeinsamen Meetings auf ein kurzes Zeichen, dann können Sie Ihren Kurs korrigieren, ohne dass die anderen etwas von Ihren Absprachen bemerken.

3

Zielorientiert fragen

Fragen treiben jedes Gespräch voran: Indem Sie vom Monolog zum Dialog schwenken, zeigen Sie, dass Sie an Ihrem Gegenüber, dessen Gedanken und dessen Meinung interessiert sind. Sie können durch Fragen auch zum Nachdenken anregen, neue Aspekte einbeziehen und so das Gespräch entscheidend vertiefen. Ein positiver Nebeneffekt: In der Zeit, in der Ihr Gegenüber antwortet, können Sie sich kurz vom Reden erholen und Ihre Gedanken sammeln.

TIPP

Gewusst wie

- → Weniger sagen – mehr fragen!
- → Erst fragen – dann sagen!
- → Stellen Sie immer nur eine Frage, warten Sie die Antwort dann ab und halten Sie ein eventuelles Schweigen aus. Wenn Sie in einem Atemzug zwei oder drei Fragen stellen, bekommen Sie wahrscheinlich nicht auf alle eine Antwort.

Offene Fragen

Offene Fragen beginnen mit einem Fragewort (wer, was, wie, wann, wo), öffnen das Gespräch und zeigen Interesse und Verständnis. Typische offene Fragen sind:

- W-Fragen: »Wer kann die Aufgabe übernehmen?«, »Wie wollen wir weiter vorgehen?«, »Was machen wir, wenn …?«
- Detailfragen: »Wie kann ich mir das genau vorstellen?«, »Was meinen Sie damit?«, »Wann ist das Meeting?«
- Kritische Fragen: »Wie kann es sein, dass …?«, »Warum haben Sie Ihre Meinung geändert?«, »Wie soll ich das verstehen?«
- Fragen nach Gefühlen: »Wie geht es Ihnen mit diesem Vorschlag?«, »Was müsste passieren, damit Sie zusagen?«
- Gegenfragen: »Was verstehen Sie darunter?«, »Wie sehen Sie das?«

Geschlossene Fragen

Geschlossene Fragen beginnen mit einem Verb, spitzen das Gespräch zu und sollen zu Entscheidungen führen oder zu Handlungen motivieren. Typische geschlossene Fragen sind:

- Entscheidungsfragen: »Möchten Sie unterschreiben?«, »Sind Sie von der Lösung überzeugt?«, »Kommt Ihr Kollege auch mit?«
- Alternativfragen: »Möchten Sie einen Termin am Dienstag oder am Freitag?«, »Soll ich das per Mail oder per Post schicken?«
- Suggestivfragen: »Sind Sie nicht auch der Meinung, dass …?«, »Finden Sie das nicht auch wichtiger?«, »So ginge das doch, oder?«

Senden Sie Ich-Botschaften

In Gesprächen geht es besonders heiß her, wenn der vermeintlich stärkere Partner dem anderen aufs Butterbrot schmieren will, dass er allein im Recht ist. Vorwürfe, Kritik, Unterstellungen, Drohungen und

Schuldzuweisungen können beim vermeintlich Schwächeren negative Gefühle, Trotzreaktionen und Rachegefühle hervorrufen – gemeinsam zum Ziel kommt man auf diesem Wege kaum.

Wer sich über den anderen erheben will, macht das meist mit Sie-Botschaften: »Wenn Sie nicht bis morgen …«, »Das geht auf Ihre Kappe!«. Das Problem dabei: Sie-Botschaften wirken meist verletzend. Ersetzen Sie sie deshalb durch Ich-Botschaften – die Chance, dass Ihr Gegenüber Sie versteht und sich deshalb ändern wird, ist dann größer.

Ich-Botschaften bestehen aus drei Schritten: Gefühl – Beispiel – Konsequenz. Dazu einige Beispiele:

VORWURF: »REDEN SIE DOCH NICHT IMMER DAZWISCHEN!«

1. Gefühl: Ich finde es ärgerlich, …
2. Beispiel für Verhalten: … wenn ich nicht ausreden kann.
3. Konsequenz: Dann fühle ich mich nicht ernst genommen.

KRITIK: »SIE SIND JA VÖLLIG CHAOTISCH!«

1. Gefühl: Es stört mich, …
2. Beispiel: … wenn ich die Unterlagen nicht schnell finden kann.
3. Konsequenz: Das kostet mich unnötig Zeit.

BEFEHL: »KÜMMERN SIE SICH ENDLICH MAL DARUM!«

1. Gefühl: Es macht mich unruhig, …
2. Beispiel: … wenn das Projekt noch nicht fertig ist.
3. Konsequenz: Wie könnte ich Sie unterstützen, damit wir vorankommen?

Ich-Botschaften …

- → basieren auf Ihren Gefühlen und werden für Ihr Gegenüber nachvollziehbar,
- → bleiben bei einem konkreten Beispiel und verallgemeinern nicht,
- → werten den Gesprächspartner nicht ab,
- → geben dem anderen die Möglichkeit, seine Position zu erklären,
- → entlasten die Beziehung zwischen beiden Partnern.

Geschickt verhandeln

Ganz gleich ob Sie über das Gehalt, die Arbeitsbedingungen, Zuständigkeiten, Verträge oder Preise reden: Das Besondere einer Verhandlung ist ein gewisses Hin und Her – denn erst dann haben beide Seiten das Gefühl, gewonnen zu haben.

Stellen Sie sich zum Beispiel vor, dass Sie beim Vorstellungsgespräch sagen: »Ich würde gern 50 000 Euro im Jahr verdienen.« Der Vorgesetzte oder der Personalchef steht auf und drückt Ihnen die Hand: »Okay, ein Gehalt in dieser Höhe zahlen wir Ihnen gern.«

So sehr Sie sich auch freuen mögen, den Job in der Tasche zu haben, können Ihnen nachträglich doch Zweifel kommen: »Wenn der andere so schnell einverstanden ist, habe ich mich wohl zu billig verkauft.« Ihr Verhandlungspartner könnte denken: »Wer sich unter Wert verkauft, wird auch im Job kein starker Partner sein. Vielleicht hätten wir doch besser den etwas teureren Bewerber einstellen sollen.«

Auch wenn es etwas schwer fällt: Versuchen Sie jede Verhandlung als ein Spiel zu sehen, an dem beide Partner ihren Spaß haben wollen. Denken Sie dabei an das Verhandeln auf dem Flohmarkt – auch ein paar lockere Bemerkungen gehören dazu. Beispiele: »Okay, aber ein bisserl müssen Sie mir noch entgegenkommen. Sonst macht das Ganze ja überhaupt keinen Spaß« oder »Ist das tatsächlich Ihr letztes Wort? Das fände ich aber schade. Ich würde gern noch ein bisschen weiter pokern. Jetzt, wo wir uns gerade so gut eingespielt haben.«

Hart oder weich verhandeln?

Die drei amerikanischen Autoren Fisher, Ury und Patton untersuchten in den 80er Jahren verschiedene Verhandlungsstile und kamen zu dem Schluss, dass man weder hart noch weich verhandeln sollte:

→ **WENN SIE HART VERHANDELN,** sehen Sie das Ganze als einen Kampf und wollen Ihren Gegner besiegen. Sie beharren auf Ihrer eigenen Position und wenden mitunter auch ein paar Tricks an, um den anderen in die Enge zu treiben. Sie beäugen Ihren Verhandlungspartner misstrauisch und freuen sich diebisch über den kleinsten Fehler der Gegenseite. Vielleicht haben Sie mit dieser Methode Erfolg, aber der Preis ist hoch: Sie gelten als anstrengend und aggressiv, und dieses Image bleibt an Ihnen kleben.

→ WENN SIE WEICH VERHANDELN, wollen Sie eine vertrauensvolle Beziehung zu Ihrem Partner aufbauen und setzen alles daran, einen Kompromiss zu finden. Sie legen Ihre Verhandlungstaktiken offen, weichen Meinungsverschiedenheiten aus oder schlucken Ihren Ärger herunter – um den anderen nur ja nicht zu verletzen. So harmonisch das auch ablaufen mag: Mit dem Ergebnis sind beide Seiten vielleicht doch nicht zufrieden, weil sie mit ihrer Meinung hinter dem Berg gehalten haben und ihre eigentlichen Ziele nicht erreicht haben.

DAS HARVARD-KONZEPT hat das Motto »Hart in der Sache, aber weich zu den Menschen« und beherzigt folgende vier Grundsätze:

1. Konzentrieren Sie sich auf die Sachthemen. Seien Sie höflich und freundlich zu Ihrem Verhandlungspartner, aber kommen Sie ihm nicht nur deshalb entgegen, weil Sie die Konfrontation scheuen. Umgekehrt sollten Sie darauf achten, dass Sie emotionale Äußerungen als das hinnehmen, was sie sind, und dann wieder zum Geschäftlichen zurückkehren, ohne nachtragend zu sein.
2. Unterscheiden Sie zwischen Forderungen und Motiven.
3. Suchen Sie nach Lösungen und wählen Sie die aus, die für beide Parteien die meisten Vorteile bringt: Der faire Kompromiss liegt nicht einfach in der Mitte zwischen zwei Positionen. Je größer die Verhandlungsmasse ist, desto mehr Spielraum haben beide Partner – und beide können am Ende zufrieden sein.
4. Erarbeiten Sie objektive Kriterien für Ihre Forderungen. Beispiele: »Das Produkt darf nur … Euro kosten«, »Das Projekt muss bis … fertig sein«, »Die Regelungen … bleiben weiterhin bestehen«.

Motive hinter den Forderungen

Bevor Sie in eine Verhandlung gehen, sollten Sie überlegen, welches Motiv Sie haben und welches Motiv Ihr Gegenüber hat – darauf weist Matthias Schranner hin, der früher für die Polizei Verhandlungen bei Geiselnahmen und anderen Verbrechen geführt hat und mittlerweile Seminare für Führungskräfte hält. Der Verhandlungsexperte erklärt, wie Sie Ihre eigenen Motive erkennen und dass es immer mehrere Möglichkeiten gibt, Ihre Bedürfnisse zufrieden zu stellen – Geld ist zwar oft eine Lösung, aber nicht die einzige. Beispiele:

- Möchten Sie für Ihre Arbeit mehr anerkannt werden? Sie könnten dann auch über einen Dienstwagen verhandeln.
- Wollen Sie mehr Verantwortung übernehmen? Dann wären Sie vielleicht zufrieden, wenn Sie in einem Bereich eigenständig arbeiten dürften oder ein Team leiten würden.
- Brauchen Sie mehr Sicherheit? Fragen Sie nach, ob sich Ihre Firma an einer Versicherung beteiligen oder Ihnen einen ergonomischen Schreibtischstuhl bezahlen würde.

Überlegen Sie umgekehrt, welche Motive hinter den Positionen Ihres Verhandlungspartners stecken könnten. Wenn zum Beispiel ein Kunde fordert »Ich zahle nur x Euro«, könnte das Motiv sein: »Ich will meinen Chef mit einem guten Ergebnis beeindrucken«. Dann könnten Sie dem Kunden einen kostenlosen zusätzlichen Service anbieten oder ein weiteres gutes Geschäft in Aussicht stellen. Noch ein Beispiel: Ihr Kollege will Sie unter Druck setzen, indem er sagt: »Wenn ich das Projekt … übernehmen darf, komme ich Ihnen bei … entgegen.« Sein Motiv ist möglicherweise, dass er ziemlich ehrgeizig ist und jede Gelegenheit ergreift, um möglichst schnell Karriere machen zu können. Wenn Sie das Projekt aber selbst übernehmen wollen, machen Sie ihn am besten auf ein anderes Projekt aufmerksam, das ihm langfristig noch größere Aufstiegschancen bietet.

TIPP

In fünf Schritten zum Ziel

Auch eine Verhandlung können Sie in fünf Schritten aufbauen: Einleitung – Hauptteil mit drei Argumenten – Schluss (→ Seite 39 f.). Überlegen Sie sich vorab, was Sie erreichen wollen, und reduzieren Sie Ihre Forderungen auf drei Punkte.

- → Wenn Sie Ihr Statement zusammenhängend vorstellen, können Sie mit dem zweitbesten Argument beginnen und sich das beste für den Schluss aufheben.
- → Müssen Sie davon ausgehen, dass sich die Verhandlung über mehrere Tage hinzieht? Bringen Sie Ihr wichtigstes Argument am besten zuerst, damit es nicht untergeht.
- → Falls die Verhandlung länger dauert, können Sie Ihr bestes Argument mehrmals bringen. Damit sich die Wiederholungen nicht plump anhören, sollten Sie Ihre Sätze stets anders formulieren und neue Beispiele geben. Überlegen Sie sich diese Beispiele in jedem Fall vorher, damit sie sich nicht überschneiden.
- → Überlegen Sie sich vor der Verhandlung, über welche Punkte Sie sprechen wollen. Je mehr Aspekte Sie zusammentragen, desto eher können Sie auf verschiedenen Gebieten Kompromisse erzielen.

Einwände vorwegnehmen

Wenn im Rahmen einer Verhandlung erst mal ein Nein gefallen ist, wird es schwierig, es später wieder zurückzunehmen. Vermeiden Sie deshalb alles, was Ihren Verhandlungspartner zu einem Nein bewegen könnte, und versuchen auch Sie, nicht abrupt Nein zu sagen.

Wenn Sie ahnen, dass Ihr Gesprächspartner bei bestimmten Punkten Einwände haben könnte, bietet sich die Vorwegnahme-Methode an: »Man könnte jetzt einwenden, dass … Dazu lässt sich aber sagen …«. Bleiben Sie ausnahmsweise bei der man-Form – mit der Sie-Ansprache könnten Sie Ihrem Gegenüber versehentlich etwas unterstellen.

Gesprächs-Situationen von Angesicht zu Angesicht

Im Job müssen Sie sich häufig einer einzelnen Person gegenüber behaupten. Und selbst wenn es mehrere Kollegen, Vorgesetzte, Kunden oder Auftraggeber sind, vertreten diese oft eine gemeinsame Position, sodass die Diskussion oder die Verhandlung am Ende doch auf ein Zweiergespräch hinausläuft.

Situation 1: Bewerbung intern oder extern

Sie haben sich für eine Stelle in einer anderen Abteilung beworben und wollen sich bei Ihrem zukünftigen Chef vorstellen? Oder der Posten als Abteilungsleiterin ist frei geworden und Sie wollen Ihrem Chef jetzt erklären, warum gerade Sie sich für diesen Posten eignen? Glückwunsch, dann haben Sie mit Ihrer bisherigen Arbeitsweise einen solch guten Eindruck gemacht, dass Sie schon mal etliche andere Mitbewerber aus dem Rennen geworfen haben.

Damit das Lampenfieber nicht allzu groß wird, sollten Sie sich gut auf das Gespräch vorbereiten.

- Informieren Sie sich so gut wie möglich über die neue Abteilung und die neue Stelle. Sprechen Sie mit Kollegen aus Ihrer jetzigen und aus der zukünftigen Abteilung und erkundigen Sie sich bei Kollegen und Freunden, die auch schon mal die Abteilung gewechselt haben oder innerhalb einer Firma aufgestiegen sind.
- Prägen Sie sich die Stationen Ihrer beruflichen Laufbahn gut ein, damit Sie die Daten parat haben, wenn das Gespräch darauf kommt.

→ Planen Sie für den Vorstellungstermin genügend Luft ein – vorher und nachher. Wenn das Gespräch in einer Außenstelle der Firma stattfindet, sollten Sie sicher sein, dass Sie dort auch garantiert pünktlich ankommen. Fahren Sie die Strecke vorher schon einmal in Ruhe ab oder Sie nehmen ein Taxi.

Wichtig: Sehen Sie das Ganze auch aus den Augen der Firma. Denn die Frage Ihres Vorgesetzten wird lauten: Warum sollten wir diese Position gerade mit Ihnen besetzen? Je überzeugender die Gründe sind, die Sie anführen können, desto besser für Sie. Am besten machen Sie gleich die Übung auf Seite 65.

Ganz gleich ob Sie sich hausintern für eine andere Abteilung oder eine Aufgabe als Führungskraft bewerben: Sie werden Ihren zukünftigen Chef oder Chefin in einer Art Vorstellungsgespräch von Ihren Qualitäten überzeugen müssen. Dabei müssen Sie zwar nicht ganz von vorn anfangen, weil man Sie in der Firma ja schon kennt. Aber trotzdem dauert solch ein Gespräch in der Regel 30 bis 60 Minuten und läuft in vier Phasen ab:

1. **SMALLTALK:** Anfangs plaudert der Vorgesetzte ein bisschen mit Ihnen, damit Sie sich etwas entspannen können. Er wird Sie danach fragen, wie es Ihnen gerade geht, oder ein gemeinsames nettes Erlebnis ansprechen, das nur wenige Tage zurückliegt. Wenn Sie etwas aufgeregt sind, können Sie das ruhig sagen – schon allein das Verständnis des anderen hilft Ihnen über die erste Nervosität hinweg. Grundsätzlich sollten Sie jedoch betonen, dass es Ihnen gut geht und dass Sie sich auf das Gespräch freuen (→ Smalltalk, Seite 28 ff.).
2. **FRAGEN AN SIE:** Im nächsten Schritt beschreiben Sie sich und Ihre Fähigkeiten. Auch wenn es um eine hausinterne Bewerbung geht, lernen Vorgesetzte manchmal mehrere Kandidaten am Tag kennen. Damit sie sich nicht langweilen, legen sie sich oft ein großes Repertoire an Fragen zurecht und wollen zwischendurch auch mal mit einem Kandidaten nett plaudern. Stellen Sie sich auf alle Eventualitä-

ten ein – selbst aus einem lockeren Gespräch zieht Ihr Gegenüber Informationen über Sie. Damit Ihnen die Antworten später leichter über die Lippen kommen, können Sie die wichtigsten Fragen vorher schriftlich beantworten.

Folgende Fragen kommen am häufigsten vor:

- Warum haben Sie sich für diese Abteilung bzw. Position beworben?
- Was gefällt Ihnen an der Abteilung bzw. an der Stelle?
- Welche Stärken und Schwächen haben Sie?
- Wie sehen Ihre beruflichen Ziele aus?
- Bei einem Jobwechsel in eine andere Abteilung: Was hat Ihnen an Ihrer bisherigen Aufgabe nicht gefallen?
- Bei einem Karrieresprung innerhalb der Firma: Warum trauen Sie sich diese Aufgabe zu?
- »Wollen Sie (noch) Kinder haben?« – keine Angst, diese Frage ist nicht zulässig, deshalb können Sie dann ausnahmsweise auch mal lügen. Erlaubt ist jedoch die Frage: »Wie schaffen Sie es auch bei einer Mehrbelastung als Führungskraft, Beruf und Familie unter einen Hut zu bekommen?« Machen Sie Ihrem Chef glaubhaft klar, dass Sie Ihren Familienalltag geregelt bekommen und Ihren Job zuverlässig machen können. Wenn Sie Zweifel daran aufkommen lassen, haben Sie von vornherein schlechtere Karten.

3 **SELBSTDARSTELLUNG DES CHEFS BZW. DER NEUEN ABTEILUNG:** Als Nächstes erfahren Sie Wissenswertes über Ihre zukünftige Abteilung bzw. über die speziellen Anforderungen an Sie als Führungskraft. Auch wenn Sie sich schon gut informiert haben, sollten Sie allein schon aus Respekt gut zuhören. Überlegen Sie sich vorher, was Sie noch über die Abteilung oder über die Stelle wissen wollen – die Frage »Und was wollen Sie noch von uns wissen?« kommt garantiert. Wenn Sie im bisherigen Gespräch überzeugend waren, wird man Sie in dieser Phase vielleicht auch nach Ihren Gehaltsvorstellungen fragen (→ Seite 65f.).

ÜBUNG

Warum sind Sie genau die Richtige für diesen Job?

Sammeln Sie jeweils drei gute Antworten:

- Was reizt Sie an dieser Position?
- Warum wollen Sie gerade in dieser Abteilung arbeiten?
- Welche Qualifikationen fehlen Ihnen? Was wollen Sie dagegen tun?
- Was wollen Sie im nächsten Jahr bei uns erreichen? In fünf Jahren?
- Was machen Sie, wenn wir uns für einen anderen Bewerber entscheiden?

4 ABSCHLUSSPHASE: Betonen Sie, dass Sie sehr an der Stelle interessiert sind. Sie können sich auch erkundigen, wann Sie mit einer Entscheidung rechnen können. Bedanken Sie sich und lasssen Sie das Gespräch mit etwas Smalltalk ausklingen.

Situation 2: Gehaltsverhandlung

Ganz gleich ob es um eine Gehaltsverhandlung oder um eine Gehaltserhöhung geht: Wenn das Gespräch aufs Geld kommt, sind viele Menschen verunsichert – denn sie haben gelernt: Über Geld spricht man nicht. Dieses Tabu stammt vielleicht noch von den Eltern oder Großeltern. Berufstätige haben aber oft auch im Job erfahren, dass man nur unter vorgehaltener Hand sagt, was man verdient. Vor allem Frauen haben häufig noch Probleme damit, ihre Gehaltsvorstellungen klar und deutlich zu formulieren. Sehen Sie das Ganze doch mal so: Sie leisten gute Arbeit und nur, wenn Sie dafür auch angemessen bezahlt werden, ist die Waage ausgeglichen. Überlegen Sie sich also, wie viel Sie wert sind und erkundigen Sie sich, was in Ihrer Branche üblicherweise bezahlt wird.

Recherche ist alles

»Ich bringe Ihnen mehr ein, als ich Sie koste« – wenn Sie das Ihrem Gegenüber vermitteln können, wird die Gehaltsverhandlung gut für Sie ausgehen. Die Hamburger Kommunikationstrainerin Barbara Berckhan gibt folgende Tipps:

1. Je mehr Positives Sie von sich erzählen können, desto eher wird Ihr Chef bereit sein, Ihrem Gehaltswunsch entgegenzukommen. Versuchen Sie, Ihre Fähigkeiten so selbstbewusst wie möglich darzustellen. Sie können das üben, indem Sie einer Freundin oder Kollegin fünf Minuten lang nur Positives über sich selbst erzählen. Anfangs mag Ihnen das etwas schwer fallen. Aber nach einer Weile werden Sie selbstbewusst auftreten und Ihrem Gegenüber glaubhaft beweisen können, dass Sie das Geld auch wert sind.
2. Erkundigen Sie sich, welches Festgehalt Sie verlangen können (Monats- oder Jahresgehalt). Was könnten Sie zusätzlich noch aushandeln: Urlaubs- und Weihnachtsgeld, Überstundenausgleich, Zuschüsse zur Betriebsrente, Prämien? Fragen Sie Ihren Steuerberater, was sich für Sie am meisten lohnt. Denken Sie auch an die geldwerten Vorteile wie Firmenwagen, Übernahme der Makler- und Speditionskosten beim Umzug und Mietzuschuss bei doppelter Haushaltsführung. Informationen finden Sie in Fachzeitungen, Wirtschaftsmagazinen, Branchenberichten, Honorarkarteien und im Internet. Erkundigen Sie sich auch bei Gewerkschaften, Berufsverbänden und Netzwerken.
3. Legen Sie Ihren Verhandlungsspielraum fest. Dafür setzen Sie sich ein Maximalziel, das etwa 15 bis 20 Prozent höher liegt als das, was Sie eigentlich heraushandeln wollen. Das Minimalziel ist die Summe, die Sie gerade noch als angemessen akzeptieren können.

Nach einem Nein fängt die Verhandlung erst an

Wenn Sie mit Ihrem Vorgesetzten ein Zielgespräch haben oder sich für eine andere Position in Ihrer Firma bewerben, wird Sie Ihr Chef am Ende des Gesprächs fragen, mit welcher Prämie Sie zufrieden wären bzw. was Sie in der neuen Position verdienen wollen. Ähnlich wie bei Vorstellungsgesprächen in einer neuen Firma sollten Sie das Thema »Geld« aber nicht von sich aus ansprechen – das ist Chefsache. Bei einem Jobwechsel innerhalb der Firma oder bei einer Beförderung verschieben einige Vorgesetzte die Gehaltsverhandlung grundsätzlich auf einen zweiten Termin.

- → Auf die Frage nach der Jahresprämie oder nach Ihrem Wunschgehalt nennen Sie Ihr Maximalziel. Sagen Sie die Summe und machen Sie dann eine Pause (→ Seite 19 f.).
- → Lassen Sie sich nicht beunruhigen, wenn die Vorstellungen anfangs weit auseinander liegen. Experten wissen: Nach einem Nein fängt die Verhandlung erst an.
- → Wenn Sie nicht weiterkommen, können Sie erst einmal über andere Punkte sprechen. Vielleicht ergeben sich auf den »Nebenbaustellen« Zugeständnisse, die Ihnen einen Kompromiss bei der Prämie bzw. beim Festgehalt erleichtern. Grundsätzlich können Sie aber Schritt für Schritt von Ihrem Maximalziel abweichen, weil Sie es ja schon von vornherein hoch angesetzt haben.

WICHTIG

→ Das Hin und Her bei einer Gehaltsverhandlung hat einen tieferen Sinn: Ihr Chef testet Sie dabei schon mal. Wenn Sie sich Ihres Werts für die Firma bzw. für die Abteilung bewusst sind und gute Argumente für Ihr Wunschgehalt hervorbringen, lässt das darauf schließen, dass Sie auch im Job hartnäckig an Ihren Zielen arbeiten werden.

- Was tun, wenn sich der Vorgesetzte irgendwann nicht mehr auf Sie zu bewegt, Sie aber weiterhin den Job wollen? Dann können Sie überlegen, ob Sie das Gespräch für heute erst einmal beenden wollen, um dann bei einem neuen Termin weiterzuverhandeln. An der Reaktion auf Ihren Vorschlag erkennen Sie, ob sich vielleicht doch noch etwas bewegen könnte.
- Schlagen Sie bei einem Angebot ein, wenn Sie spüren, dass sich nichts mehr machen lässt. Um sich bei einer Gehaltsverhandlung oder einer Gehaltserhöhung ein Türchen offen zu halten, können Sie betonen, dass Sie nach den ersten sechs Monaten oder nach einem Jahr noch einmal über das Thema »Geld« sprechen wollen. Am Ende können sich meist beide Parteien über das Verhandlungsergebnis freuen: Sie haben zumindest Ihr Minimalziel erreicht und Ihr Chef hat Sie ein bisschen heruntergehandelt – ein Triumph für beide Seiten.

Situation 3: Kurzer Projektbericht

Ergreifen Sie im Job jede Gelegenheit auf Ihre Erfolge hinzuweisen. Denn wenn Sie es nicht selbst tun, wer sollte es dann machen? »Eigenlob stinkt« heißt es im Volksmund, aber dieses Lebensmotto hat die Münchner Karriereberaterin und Autorin Sabine Asgodom mittlerweile kritisch hinterfragt und für die heutige Zeit umgemünzt in den zugkräftigen Buchtitel »Eigenlob stimmt«.

Die Kunst dabei ist nur, das richtige Maß zu treffen: Treten Sie selbstbewusst auf und sagen Sie, was Sie können. Tragen Sie dabei aber nicht allzu dick auf, sonst verschrecken Sie vielleicht Ihre Kollegen.

Einen günstigen Zeitpunkt, um auf Ihre Leistungen aufmerksam zu machen, erwischen Sie gleich nach dem Abschluss eines erfolgreichen Projekts: Wenn Sie dann die Ergebnisse für Kollegen, Vorgesetzte, Kunden oder Auftraggeber kurz zusammenfassen, sind alle informiert und können darauf aufbauen.

Eine kurze Präsentation dauert normalerweise drei bis fünf Minuten, beim so genannten »Elevator-Pitch« sind es oft nur 30 Sekunden (→ Seite 87). Die Herausforderung: Sie müssen ein Produkt, ein Verfahren oder die Ergebnisse eines Projekts in nur wenigen Sätzen darstellen und trotzdem alle wichtigen Fragen beantworten. Vor allem bei Verkaufsgesprächen, Verhandlungen, Diskussionen und Sitzungen müssen Sie schnell zum Punkt kommen – sonst strapazieren Sie nur unnötig die Geduld der anderen (→ großer Projektbericht, Seite 85 f.).

So rücken Sie Ihr Projekt ins rechte Licht

In nur drei Minuten können Sie einem anderen Menschen erstaunlich viele Informationen mit auf den Weg geben. Dafür sollten Sie jedoch Ihren Vortrag beispielsweise mit anschaulichen Grafiken kombinieren, denn so kann Ihr Zuhörer die Details auf zwei verschiedenen Kanälen aufnehmen und sich später besser daran erinnern.

Den Mini-Vortrag können Sie wie eine Argumentation in fünf Schritten aufbauen (→ Seite 40 f.). Beispiel: Sie wollen Ihrem Chef das Layout einer Informationsbroschüre vorstellen. Ziel Ihrer Präsentation ist es, dass er sich für eine von zwei Versionen entscheidet.

1. EINLEITUNG: »Ich möchte Ihnen gern das Layout für unsere neue Info-Broschüre zeigen.«
2. HAUPTTEIL A: »So sehen die zwei Entwürfe für das Cover aus. Als Grundfarben können wir uns Orange und Blau vorstellen.«
3. HAUPTTEIL B: »Im Innenteil tauchen das Blau bzw. das Orange in mehreren Farbabstufungen wieder auf. Hier sind die Beispiele.«
4. HAUPTTEIL C: »Wenn wir uns für das Blau entscheiden, mutet das sachlich an und spiegelt das Image unserer Firma. Mit einem Orange erreichen wir eine warme und sonnige Wirkung, das könnte neue Kunden auf unsere Firma aufmerksam machen.«
5. SCHLUSS: »Was gefällt Ihnen besser: Orange oder Blau? Für welche Version wollen Sie sich entscheiden?«

Das Auge lernt mit

Je weniger Zeit Sie haben etwas zu erklären, desto mehr müssen Sie sich auf das Wesentliche konzentrieren. Damit die Informationen auch garantiert beim anderen ankommen, können Sie Ihre Worte durch Grafiken, Tabellen und kurze Texte veranschaulichen. Die Unterlagen dürfen nicht allzu detailliert sein – lassen Sie seitlich Platz für Anmerkungen.

Als Medien können Sie auch das Flipchart, ein Notebook oder einen Overhead-Projektor einsetzen. Drucken bzw. kopieren Sie nur Stichworte auf die Folien und teilen Sie Kopien davon aus. Als Faustregel gilt für Kurz-Präsentationen: eine Folie pro Minute.

Wichtig: Schalten Sie die technischen Geräte ab, wenn Sie sie zur Illustration nicht mehr brauchen. Wenden Sie sich Ihrem Gegenüber zu und halten Sie Blickkontakt.

Situation 4: Zielgespräch

In größeren Firmen ist es üblich, einmal im Jahr Zielgespräche zu führen: Sie überlegen dann zusammen mit Ihrem Abteilungsleiter oder Ihrem Chef, welche Ziele Sie in den folgenden zwölf Monaten erreichen wollen. In der Regel verabreden Sie dann auch einen zweiten Termin nach etwa sechs Monaten, um über den Fortgang der Dinge und die Pläne fürs zweite Halbjahr zu sprechen.

Wenn die Ziele am Ende des Jahres erreicht sind, erhalten die Mitarbeiter eine vorher vereinbarte Prämie – diese kann aber auch prozentual gestaffelt sein, falls nur Teilziele erreicht wurden. Oder das Jahresgespräch ist immer mit einem Gehaltsgespräch verknüpft (→ Seite 65).

Grundsätzlich geht es bei Zielgesprächen darum, die Mitarbeiter dazu anzuregen, sich selbst zu motivieren und aus eigener Initiative heraus zu arbeiten. Davon versprechen sich die Unternehmen, dass sich die Mitarbeiter mit ihren Aufgaben identifizieren und sich mehr für ihren Job einsetzen. Die andere Seite der Medaille: Abteilungsleiter und Chefs haben ihre eigenen Ziele, die der persönlichen Karriereplanung dienen. Damit sie diese erreichen können, sind sie auf ihre Mitarbeiter angewiesen. Bei Zielgesprächen gibt es deshalb immer zwei Richtungen: von unten nach oben und von oben nach unten – der Kompromiss ist dann reine Verhandlungssache. Techniken, die Ihnen in dieser Situation weiterhelfen können, sind z. B. »Senden Sie Ich-Botschaften« (→ Seite 56 f.); »Feedbackgespräch« (→ Seite 72); »Geschickt verhandeln« (→ Seite 58 f.).

Pläne für das nächste Jahr

In vielen Firmen gibt es Fragebögen, die Mitarbeitern und Führungskräften als Leitfaden dienen sollen, um das Zielgespräch optimal vorzubereiten. Folgende Fragen sind möglich:

- Welche Projekte wollen Sie innerhalb des nächsten Jahres neu beginnen bzw. erfolgreich abschließen?
- Welche Kenntnisse, Fähigkeiten oder Talente würden Sie gern einbringen oder verbessern?
- Was kritisieren Kollegen und Vorgesetzte manchmal an Ihnen – und was wollen Sie wie verbessern?
- Welche langfristigen Ziele haben Sie? In welchen Teilschritten können Sie diese erreichen?
- Nehmen Sie den Blickwinkel Ihres Abteilungsleiters oder Ihres Chefs ein: Welche Ziele hat er? Wo können Sie ihn unterstützen? Bei welchen Vorschlägen und Wünschen werden Sie jedoch höchstwahrscheinlich auf Granit beißen?
- Würden Sie sich gern auf Kosten der Firma weiterbilden lassen? Erkundigen Sie sich bei Kollegen, welche internen und externen Seminare angeboten werden. Überlegen Sie, welche Gegenargumente Ihr Chef bringen kann und legen Sie sich eine gute Argumentation zurecht.

Situation 5: Feedbackgespräch

In vielen, vor allem größeren Firmen führen Chefs mit Mitarbeitern inzwischen standardmäßig Feedbackgespräche (z. B. drei Monate nach Jobantritt in einer neuen Firma oder einer neuen Abteilung). Ihr Vorgesetzter bittet Sie zum Gespräch. Dies ist eine Chance für Sie abzuklopfen, wie zufrieden Ihre Vorgesetzten sind, und um Feedback zu geben, wie Ihnen die Firma, Ihre Stelle und die Zusammenarbeit in der Abteilung gefällt.

Die Techniken bei diesen Gesprächen sind dieselben, die man auch in »normalen« Feedbackgesprächen anwendet. Denn immer dann, wenn Sie sich mit Kollegen grundsätzlich über Probleme unterhalten oder Kollegen um Input bitten, ist dies eigentlich ein Feedbackgespräch. Damit Feedbacks hilfreich sind, müssen beide Seiten ein paar wichtige Regeln einhalten:

1. **OFFENES OHR:** Nur wer sich ändern oder verbessern will, nimmt ein Feedback auch dankbar an. Beharren Sie also nicht auf Ihrem Angebot, wenn der andere gerade kein offenes Ohr hat. Der Zeitpunkt ist günstig, wenn Sie beide frei sprechen können und auch bereit sind einander zuzuhören.
2. **NÜTZLICHE INFORMATIONEN:** Halten Sie sich mit Ihrem Feedback zurück, wenn Sie merken, dass Sie eigentlich nur Ihre Aggressionen rauslassen wollen. Ein Feedback sollte konstruktiv und sachlich begründet sein, sonst hilft es dem anderen nichts.
3. **SPONTANE REAKTION:** Warten Sie mit Ihrer Reaktion nicht allzu lange. Wenn der Anlass längst »verjährt« ist, bringt Ihr Feedback auch nicht mehr viel.
4. **KONKRETE BEISPIELE:** Beziehen Sie sich nur auf das, was Sie gerade beobachtet haben. Beispiele: »Sie haben mich gerade unterbrochen«, »Sie haben Ihren Gesprächspartner kaum angeschaut«, »Sie sind bei diesem Punkt vom Thema abgekommen«.

Wenn Sie Feedback bekommen

Bitten Sie möglichst oft um Feedback – denn davon, wie andere Menschen Sie wahrnehmen, können Sie viel lernen. Damit Sie sich Schritt für Schritt verbessern können, erklären Sie genau, auf was der andere bei Ihnen achten soll.

- → Hören Sie sich das Feedback in Ruhe an. Lassen Sie es am besten eine Weile auf sich wirken. Sie brauchen sich nicht zu rechtfertigen und müssen sich auch nicht verteidigen.
- → Teilen Sie Ihrem Gesprächspartner mit, wie es Ihnen mit dem Feedback ergeht.
- → Bedanken Sie sich für das Feedback, für die Ehrlichkeit und dafür, dass sich der andere etwas Zeit für Sie genommen hat.
- → Das Feedback ist eine persönliche Meinung. Deshalb fällt jedem auch etwas anderes auf. Nehmen Sie das Gesagte als Anregung und fühlen Sie sich nicht verpflichtet, es auch tatsächlich umzusetzen.

Kritisieren ohne zu verletzen

»Kritik tut weh«, sagen viele. Damit der andere auch tatsächlich über Ihre Argumente nachdenkt, sollten Sie Ihre Kritik deshalb so verpacken, dass Sie ihn nicht verletzen. Denn sonst ist er so sehr in seine Gefühle verwickelt, dass er Ihnen gar nicht mehr genau zuhört.

Damit die Emotionen nicht zu sehr hochkochen, ist es wichtig, so sachlich wie möglich zu bleiben und einige Regeln einzuhalten – bestenfalls festigt sich dann sogar die Beziehung der beiden »Streithähne«, weil sie einander besser kennen gelernt haben.

DIE EIGENEN ZIELE: Überlegen Sie, was genau Sie kritisieren wollen und wie Ihre Wunsch-Lösung aussieht. Was wäre die »win-win-Lösung«, die beiden Partnern einen Nutzen bringt? (→ Seite 58 f.)

DIE SITUATION DES ANDEREN: Versetzen Sie sich in die Situation Ihres Gesprächspartners. Welche Ziele hat er? Was kann er ändern?

3

Kritik üben in fünf Schritten

Wenn Sie einen Kollegen oder Ihren Chef kritisieren wollen, brauchen Sie etwas Fingerspitzengefühl. Am besten bauen Sie Ihre Argumente nach der Fünf-Schritte-Methode auf (→ Seite 39 f.):

1. **EINLEITUNG:** Fallen Sie nicht gleich mit der Tür ins Haus, sondern leiten Sie das Gespräch behutsam ein. Gehen Sie freundlich auf Ihr Gegenüber zu, wenn es etwas zu loben gibt, sagen Sie das auch.
2. **HAUPTTEIL A:** Kommen Sie zur Sache. Weisen Sie darauf hin, dass es ein Problem gibt, und heben Sie hervor, dass es Ihnen darum geht, die Situation für beide zu verbessern.
3. **HAUPTTEIL B:** Bringen Sie im Rahmen von Ich-Botschaften Beispiele, bei denen sich das Problem ergeben hat, und erklären Sie, wie es Ihnen in der jeweiligen Situation ergangen ist. Bleiben Sie sachlich und fair und halten Sie sich an die Fakten – weisen Sie dem anderen also keine Schuld zu und äußern Sie auch keine Vermutungen. Beziehen Sie sich nur auf das Verhältnis zwischen Ihnen beiden.
4. **HAUPTTEIL C:** Schließen Sie das Gespräch mit ein paar positiven Bemerkungen ab und bedanken Sie sich bei Ihrem Gesprächspartner, dass er Ihnen zugehört hat.
5. **SCHLUSS:** Geben Sie dem anderen genügend Zeit, um seine Sichtweise darzustellen. Bieten Sie etwas an, was Sie selbst ändern könnten, und fragen Sie nach, welche Lösung für den anderen in Frage käme.

Zwischen den Zeilen hören

In vielen Gesprächen schwingen negative Gefühle mit – vor allem dann, wenn das Treffen nicht so verläuft wie gewünscht. Doch Frust und Ärger lenken häufig vom eigentlichen Thema ab und verhindern konstruktive Ergebnisse. Wenn Sie also merken, dass sich jemand im Gespräch unwohl fühlt, können Sie das direkt ansprechen. Eine solche

Metakommunikation (meta = über) hilft, rechtzeitig Missverständnissen und Konflikten vorzubeugen. Fragen Sie zum Beispiel nach: »Ich sehe, dass Sie mit dem Verlauf unserer Verhandlung nicht so ganz zufrieden sind. Was behagt Ihnen daran nicht?« oder »Sie sind jetzt ganz still geworden. Über was denken Sie denn nach?« oder »Sie scheinen mir jetzt ziemlich enttäuscht zu sein. Was müsste passieren, damit es Ihnen wieder etwas besser geht?«

So gehen Sie mit Kritik um

Wenn Sie jemand kritisiert, sollten Sie das nicht zu persönlich nehmen. Konzentrieren Sie sich auf die Sache oder einzelne Verhaltensweisen. Auch wenn's schwer fällt: Nehmen Sie Kritik als ein Geschenk und sehen Sie die konstruktiven Ansätze. Schließlich wollen Sie ja auch, dass es bei der Arbeit so wenig wie möglich Reibungspunkte gibt.

3

- Lassen Sie Ihren Gesprächspartner ausreden und machen Sie sich Notizen. Fragen Sie nach, wenn Ihnen etwas unklar ist, und bitten Sie um konkrete Beispiele.
- Zeigen Sie guten Willen und sagen Sie: »Ich kann Ihre Bedenken nachvollziehen« oder »Stimmt, da sollten wir mal drüber reden«.
- Weisen Sie die Kritik nicht schroff zurück und bleiben Sie so sachlich wie möglich. So respektieren Sie den Wunsch des anderen, die Situation in Zukunft zu verbessern.
- Wenn Sie tatsächlich einen Fehler gemacht haben, sollten Sie das auch zugeben. So ist die Angelegenheit am schnellsten aus der Welt.
- Falls Sie die Kritik als unberechtigt empfinden, stellen Sie die Punkte richtig. Bringen Sie sachliche Argumente – mit Gegenvorwürfen und Rundumschlägen kommen Sie nicht weiter.
- Bedanken Sie sich für die offenen Worte und überlegen Sie, wie Sie das Problem gemeinsam lösen können. Wenn Sie selbst keine Idee haben, können Sie um eine kurze Bedenkzeit bitten, einen Kollegen fragen oder auch Ihren Gesprächspartner um Unterstützung bitten.

Situation 6: Mehr Zeit für die Freizeit

Wer viel arbeitet, muss auch mal verschnaufen können. Sonst laufen die Batterien irgendwann leer und dann macht auch der tollste Job keinen Spaß mehr. Auf Urlaub und Elternzeit haben Angestellte und Beamte sogar per Gesetz ein Recht. Wer jedoch Teilzeit arbeiten will oder sich mal eine längere Auszeit (Sabbatical) gönnen möchte, ist auf das Entgegenkommen des Chefs angewiesen. Um ans Ziel zu kommen, sollten Sie sich auf das Gespräch mit Ihrem Arbeitgeber gut vorbereiten. Tragen Sie Ihre Wünsche rechtzeitig vor und überlegen Sie, wie Sie auf mögliche Gegenargumente reagieren wollen. Am besten legen Sie sich ein paar Alternativen zurecht, um sich möglichst schnell mit Ihrem Chef und den Kollegen einigen zu können.

Urlaub

Das Gesetz schreibt für Angestellte einen Mindesturlaub von 24 Werktagen vor. Nur: Welcher Kollege nimmt wann und wie lange Urlaub? Bedenken Sie, wer dem anderen entgegenkommt, kann später auch mal einen Terminwunsch durchsetzen. Hier einige Tipps:

- Versuchen Sie, auch die Interessen der anderen Kollegen und des Chefs zu berücksichtigen.
- Mütter und Väter mit schulpflichtigen Kindern haben in den Schulferien Vorrang.
- Dienste an Feiertagen oder über Brückentage hinweg werden möglichst gerecht verteilt.

Elternzeit

Mütter und Väter haben aus Anlass der Geburt eines Kindes Anspruch auf Elternzeit, die bis zu drei Jahre dauern kann, wenn sie es vorher so beantragen. Die Rückkehr auf die frühere Stelle ist garantiert. Wenn

TIPP

Nicht gleich mit der Tür ins Haus fallen

In jedem Büro gibt es Gespräche, die zwischen Tür und Angel stattfinden. Wenn Ihr Gesprächspartner gerade Zeit hat, ist das alles wunderbar. Doch viele Kollegen fühlen sich eher gestört oder sind auch genervt, wenn Sie prompt den falschen Moment erwischt haben.

→ Ziel: Überlegen Sie sich vorher, was Sie wollen: Brauchen Sie »nur« einen Zuhörer, um Ihre Gedanken zu ordnen? Brauchen Sie einen Rat? Oder wollen Sie über etwas diskutieren? Fragen Sie, ob der andere überhaupt mit Ihnen sprechen möchte – ein Zuhörer, dem Ihr Anliegen gleichgültig ist, nutzt Ihnen nicht viel.

→ Zeitpunkt: Fragen Sie, ob der andere sofort oder später Zeit und Lust auf ein Gespräch hat. Finden Sie gemeinsam heraus, welcher Zeitpunkt für beide am günstigsten ist.

→ Zeitrahmen: Teilen Sie Ihrem Gesprächspartner mit, wie lange das Gespräch wahrscheinlich dauern wird. Am besten fragen Sie genau nach: »Hätten Sie heute oder morgen eine halbe Stunde Zeit für mich? Ich würde Sie gern mal um einen Rat fragen.«

Sie die Elternzeit in Anspruch nehmen wollen, sollten Sie sich zunächst nach den rechtlichen Möglichkeiten und den Erfahrungen anderer Eltern erkundigen. Sprechen Sie mit Ihrem Partner und mit beiden Arbeitgebern über die Varianten:

→ Wollen Sie die Elternzeit vom ersten Tag bis zum dritten Geburtstag des Kindes gemeinsam nutzen?

→ Wäre es sinnvoll, das dritte Jahr später in Anspruch zu nehmen, nämlich irgendwann bis zum achten Geburtstag des Kindes?

→ Wollen Sie innerhalb der Elternzeit Ihre Arbeitszeit reduzieren? Sie können während dieser Zeit 30 Wochenstunden arbeiten, ohne dadurch die Elternzeit zu unterbrechen.

Teilzeit

Wenn Sie in einem Unternehmen mit mehr als 15 Mitarbeitern arbeiten, können Sie Ihren Chef bitten, Ihre Arbeit auf Teilzeit zu reduzieren. Es dürfen jedoch keine dringenden betrieblichen Gründe dagegen stehen. Leider haben einige Vorgesetzte immer noch Vorurteile gegen solche Teilzeit-Jobs, die Sie aber mit guten Argumenten entkräften können:

- »In der kürzeren Arbeitszeit arbeite ich wesentlich zielorientierter und produktiver.«
- »Wenn ich Teilzeit arbeite, bin ich kreativer und ausgeglichener im Job, weil ich dann genug Zeit für meine privaten Bedürfnisse habe.«
- »Studien belegen: Teilzeit-Mitarbeiter sind seltener krank und ihrem Arbeitgeber länger treu.«
- »Ich könnte in den Service-Bereich wechseln, um die Kollegen dort während der Spitzenzeiten zu entlasten.«

Sabbatical

Eine besondere Form der Teilzeit ist das Sabbatical – eine Auszeit, die mehrere Monate dauern kann. Um sich für diesen Zeitraum finanzieren zu können, arbeiten Sie einige Monate lang Vollzeit, erhalten aber dafür und während des Sabbaticals nur das Gehalt für einen Teilzeit-Job. Sie sparen also Zeit und Geld an, um während der Auszeit davon leben zu können. Oder Sie »sparen« Ihren bezahlten Urlaub über längere Zeit auf. Da es verschiedene Modelle gibt, sollten Sie sich vorher erkundigen, welches für Sie und Ihren Arbeitgeber am besten geeignet ist.

Für ein Sabbatical brauchen Sie keinen Grund anzugeben. Sie werden aber eher auf offene Ohren stoßen, wenn Sie sich in dieser Zeit weiterbilden wollen – wenn Ihr Chef also einen Nutzen von Ihrer Auszeit hat. Gute Argumente für eine Weltreise, eine Besinnungspause oder eine Weiterbildung wären:

TIPP

→ Überlegen Sie sich gut, ob Sie mit einer Kündigung drohen wollen, falls Sie nicht auf Teilzeit gehen können. Wenn Sie die Drohung am Ende nicht wahr machen, verlieren Sie an Respekt und Glaubwürdigkeit.

- → »In den vergangenen Jahren habe ich so viel gearbeitet, dass ich mich etwas ausgebrannt fühle. Ich habe schon lange von einer solchen Reise geträumt und verspreche mir davon, dass ich mich dabei gut erholen werde. Wenn ich dann zurück in die Firma komme, werde ich wieder motivierter und leistungsfähiger sein.«
- → »Ich brauche mal eine Pause, um meine Batterien wieder aufzutanken. Die Wochenenden und der Urlaub sind einfach zu kurz, um den Stress komplett zu verarbeiten. Wenn ich mir mal eine längere Auszeit gönne, sehe ich die Dinge bestimmt wieder etwas lockerer und kann mich danach wieder voll in die Arbeit stürzen.«
- → »Seit Jahren haben wir immer mehr Kunden aus dem Ausland. Das freut mich natürlich, weil es zeigt, dass wir auf dem richtigen Wege sind. Ich könnte aber bessere Ergebnisse erzielen, wenn ich flüssiger Englisch sprechen könnte. Deshalb würde ich gern für ein paar Monate nach England oder in die USA gehen.«

WICHTIG: Machen Sie Ihrem Chef konkrete Vorschläge, bis wann Sie die offenen Projekte abschließen können. Bekräftigen Sie Ihren Vorsatz, die Stelle auch tatsächlich wieder anzutreten, indem Sie schon gleich über konstruktive Ideen für die Zeit nach Ihrer Rückkehr sprechen.

Situation 7: Kündigungsgespräch

Wenn Sie sich entschieden haben zu kündigen, werden Sie Ihre Gründe dafür haben – und hoffentlich auch schon einen neuen Job in der Tasche. Doch um den juristischen Part führt kein Weg herum: Sie müssen die gesetzlichen Kündigungsfristen einhalten und einen

Brief an Ihren Chef oder den Personalleiter aufsetzen, in dem Sie Ihren Vertrag lösen. Bevor Sie das Kündigungsschreiben aber tatsächlich mit der Post abschicken, ist es empfehlenswert, dass Sie persönlich mit Ihrem Vorgesetzten sprechen, damit er Ihre Gründe nachvollziehen kann und Sie in guter Erinnerung behält. Wenn Sie geschickt verhandeln, können Sie es unter Umständen auch erreichen, dass die Firma Sie betriebsbedingt kündigt – in den heutigen Zeiten gibt es da einige Schlupflöcher, die Sie im Hinblick auf das Arbeitslosengeld und eine Abfindung nutzen können.

Für die Abfindung sollten Sie vorab berechnen, wie hoch die Sozialversicherungsbeiträge und die Steuern dadurch werden. Denn wenn Sie die Summe ungeschickt wählen, könnte es sonst sein, dass Sie am Ende ein schlechtes Geschäft machen. Wichtig ist auch zu wissen, wie sich die Abfindung auf die Höhe des Arbeitslosengeldes auswirkt.

So richtig unangenehm wird es für beide Seiten, wenn Sie Ihr Chef zu einem Gespräch bittet und Ihnen dabei die Kündigung ausspricht. Aber auch wenn Sie die Entscheidung noch so sehr trifft: Versuchen Sie sachlich und fair zu bleiben. Alles Schmollen und Toben wird Ihnen nicht viel nutzen – wenn sich Ihr Vorgesetzter damit überfordert fühlt, verscherzen Sie es sich nur mit ihm. Ganz gleich ob Ihnen aus persönlichen oder betrieblichen Gründen gekündigt wird – sorgen Sie für einen guten Abgang:

- Sprechen Sie offen aus, dass Sie überrascht bzw. enttäuscht sind.
- Fragen Sie nach den konkreten Gründen für die Kündigung.
- Bitten Sie Ihren Chef um Unterstützung: Welche Perspektiven sieht er für Sie? Wie könnte er Ihnen helfen?
- Lassen Sie sich das Kündigungsschreiben zuschicken, für die weiteren Schritte brauchen Sie nämlich das Datum des Poststempels.

Wenn die Kündigung dann schließlich schriftlich vorliegt, können Sie ein weiteres Gespräch mit Ihrem Vorgesetzten vereinbaren. Dann geht es um folgende Themen:

TIPP

→ Auch wenn's schwer fällt: Bleiben Sie bei einem Kündigungsgespräch souverän, freundlich und sachlich. Schuldzuweisungen helfen nicht weiter. Sagen Sie am Ende des Gesprächs, dass es Ihnen Leid tut, die Firma verlassen zu müssen. Sie wissen ja: Man sieht sich im Leben immer zweimal.

- Versuchen Sie eine Abfindung auszuhandeln. Ihr Maximalziel sollte davon abhängen, was Sie am Ende netto herausbekommen (→ Seite 65 ff.).
- Klären Sie die letzten Einzelheiten. Haben Sie noch Urlaubsansprüche und wie werden sie abgegolten? Was passiert mit den angesammelten Überstunden? Wer schreibt das Arbeitszeugnis? Können Sie eigene Formulierungswünsche einbringen? Wann können Sie mit dem Zeugnis rechnen? Sollen Sie Ihre Nachfolgerin einarbeiten? Welche Arbeitsmaterialien gehören Ihnen? Welche dürfen Sie mitnehmen? Wem übergeben Sie die verbleibenden Unterlagen, die zu Ihrem Arbeitsgebiet gehören?
- In einigen Fällen stellen Firmen den gekündigten Mitarbeiter sofort nach der Kündigung frei – Sie packen dann Ihre Sachen und gehen nach Hause, Ihr Arbeitgeber zahlt Ihnen aber Ihr Gehalt noch bis zum Ablauf der Kündigungsfrist. Unterschreiben Sie eine solche Freistellungsvereinbarung nicht vor Ort, sondern vereinbaren Sie eine Antwortfrist und lesen Sie sich erst einmal alles in Ruhe durch – so viel Zeit muss sein.
- Berichten Sie nach dem Kündigungsgespräch einer Kollegin oder einer Freundin, was der Vorgesetzte zu Ihnen gesagt hat und welche Gründe er angeführt hat. Schreiben Sie auch ein Gedächtnisprotokoll. So haben Sie im Falle des Falles Argumente parat, wenn Sie vors Arbeitsgericht gehen wollen.

Wichtig: Unterschreiben Sie während des Kündigungsgesprächs nichts. Handeln Sie erst, wenn die Kündigung mit der Post bei Ihnen angekommen ist.

Melden Sie sich in Meetings zu Wort

4

→ In Diskussionen, bei Meetings und Konferenzen sollten Sie sich rege beteiligen. Denn so können Sie auch in größerer Runde positiv auf sich aufmerksam machen: Lernen Sie, Ihr Projekt optimal vorzustellen und Ihre Ideen effektiv einzubringen. Stellen Sie sich auch immer wieder mal der Aufgabe, eine Diskussionsrunde zu leiten oder eine Podiumsdiskussion zu moderieren.

Tools
für Meetings

An manchen Tagen ist es Ihnen sicherlich ganz recht, dass Sie im Hintergrund bleiben können und »nur« Ihren Schreibtisch-Job machen müssen. Doch dann sind da all die Meetings, Konferenzen und Besprechungen, die Sie ins Rampenlicht zerren. Vielleicht ist Ihnen gar nicht danach zu Mute, große Reden zu schwingen oder ewig zuhören zu müssen, was andere zum Besten geben. Doch es hilft nichts: Wer kein graues Mäuschen sein will, sollte lernen, mit den Katzen zu tanzen.

Nutzen Sie deshalb jedes Treffen in einer größeren Runde als eine Bühne, um positiv auf sich aufmerksam zu machen. Sabine Schicke, Trainerin für Persönlichkeitsentwicklung und Kommunikation, rät:

- Bieten Sie an, bei der Organisation mitzuhelfen. Durch die gemeinsamen Aktionen bekommen Sie ein besseres Gefühl für den Raum und die anderen Gesprächsteilnehmer. An die gemeinsamen Erlebnisse können Sie später leicht anknüpfen.
- Überlegen Sie, ob Sie etwas an der Tagesordnung ändern wollen. Gefällt Ihnen die Reihenfolge? Fehlt noch ein Thema, das Ihnen ganz persönlich am Herzen liegt? Mit einem kurzen Einwurf können Sie gleich zu Beginn zeigen, dass Sie an dem Meeting interessiert sind und sich gut vorbereitet haben.
- Melden Sie sich mindestens einmal (möglichst aber öfter) laut und deutlich zu Wort, damit sich die anderen später daran erinnern, dass Sie auch dabei waren und damit Ihr Name im Protokoll auftaucht. Geben Sie sich einen kleinen Ruck, es zahlt sich aus!

Mit neuen Ideen begeistern

Erinnern Sie sich, wie Sie als Kind über den Zauberer gestaunt haben? Erst haben Sie vor lauter Spannung die Luft angehalten und die Hände vor den Mund gehalten, dann wurden die Augen immer größer und – als der Zauberer das Kaninchen tatsächlich aus dem Hut holte – blieb Ihnen der Mund offen stehen.

»Wow!« – genau diesen Effekt müssen Sie erzielen, wenn Sie einen Vorschlag machen oder eine neue Idee präsentieren:

- Treten Sie kompetent und selbstsicher auf und zeigen Sie, dass Sie von Ihren Einfällen begeistert sind. Dann haben Sie gute Chancen, dass der Funke auch auf Ihre Zuhörer überspringt.
- Kommen Sie schnell zur Sache: »Was halten Sie von der Idee …?«, »Ich hätte da einen Vorschlag …«, »Wir könnten es ja so machen: …«.
- Bauen Sie Ihre Argumentation in fünf Schritten auf (»Eine neue Sichtweise ins Spiel bringen« → Seite 40).
- Betonen Sie nur die Vorteile. Mit Kritikpunkten würden Sie Ihren Vorschlag sofort wieder entkräften.
- Fragen Sie am Ende nach der Meinung der anderen: »Was halten Sie davon?«, »Ich halte das für eine gute Sache. Was sagen Sie dazu?«, »Ich bin überzeugt, dass das so funktionieren kann. Sie auch?«
- Überlegen Sie sich, wie Ihre Kollegen oder Ihr Chef auf Ihre Idee reagieren werden. Wie könnten Sie die Gegenargumente entkräften?

Bereiten Sie sich gut auf das Meeting vor

Je mehr Sie über ein Thema wissen, desto leichter wird es Ihnen fallen, während eines Meetings oder einer Konferenz darüber zu sprechen. Bereiten Sie sich also gut vor:

- Warum gehen Sie zu dem Meeting: Wollen Sie sich informieren? Interessiert Sie die Meinung Ihrer Kollegen? Wollen Sie die anderen mit Ihren Argumenten überzeugen?

TIPP

Mit Neugier gewinnen

→ Lassen Sie sich etwas einfallen! Mit Ihren Präsentationsideen können Sie am besten überzeugen, wenn Sie selbst ein kreativer Typ sind und es Ihnen leicht fällt, andere mit Ihrer Freude an Spaß und Spiel zu begeistern.

→ Sicherlich gibt es auch Branchen, in denen solche Ideen bislang wenig Raum haben. Aber auch dort könnten Sie auf offene Augen und Ohren stoßen, wenn nur die richtigen Leute am Tisch sitzen, die sich auch mal über eine Abwechslung freuen. Erkundigen Sie sich bei Ihren Kollegen, wie sie die Reaktionen der anderen einschätzen.

→ Bringen Sie ein großes Poster oder ein Paket mit, das Sie mit einer roten Schleife zugebunden haben. Bereiten Sie eine Schatzkiste vor, in die Sie symbolische Gegenstände legen. Oder stellen Sie einen ungewöhnlichen Gegenstand auf den Tisch, der den Zauberhut ersetzt, und ziehen Sie dann Ihre »Idee« heraus.

- Um welches Thema handelt es sich genau? Was sagen die Experten dazu? Was wollen Sie darüber wissen?
- Wie schätzen Sie die Positionen der Gesprächsteilnehmer ein? Wie wollen Sie auf deren Meinungen und Vorschläge reagieren?
- Was könnten Sie tun, um die anderen auf Ihre Seite zu ziehen? Legen Sie sich Ihre Argumente in Stichworten zurecht und orientieren Sie sich dabei am Fünf-Schritte-Modell (→ Seite 40 f.).

Projekte erfolgreich präsentieren

Sie haben einen Forschungsbericht geschrieben. Oder einen neuen Vertriebsweg ausgearbeitet. Oder ein Haus entworfen. Doch wie präsentieren Sie die Ergebnisse am besten?

Ihr Ziel sollte sein, nur das Wichtigste zu berichten und mit ein paar anschaulichen Beispielen auszuschmücken – dann kann sich jeder etwas darunter vorstellen und anschließend mitdiskutieren.

→ Überlegen Sie, welche technischen Hilfsmittel sich für Ihren Zweck besonders gut eignen: In Frage kommen reale Modelle, Poster, Flipchart, Overhead-Projektor, Notebook oder PC mit Beamer. Bedenken Sie, dass Sie Ihre Zuhörer am besten durch Ihre eigene Person beeindrucken können – Ihr Auftreten, Ihre Stimme, Ihre Körpersprache und Ihre Worte. Die Technik kann Sie dabei unterstützen, sollte Ihnen aber nicht die Show stehlen (Folien → Seite 87 f.).

→ Erkundigen Sie sich, welche Geräte Ihnen vor Ort zur Verfügung stehen. Halten Sie für alle Fälle auch ein paar Ausdrucke bereit, denn auf die Technik ist nicht immer Verlass.

→ Bauen Sie Ihre Präsentation nach dem Fünf-Schritte-Modell auf (→ Seite 39 f.):

1. EINLEITUNG: Um welches Thema geht es?
2. HAUPTTEIL A: Was ist Ihr Ergebnis?
3. HAUPTTEIL B: Sie geben drei anschauliche Beispiele.
4. HAUPTTEIL C: Was bedeutet das für Ihre Firma?
5. ZIELSATZ: Lassen Sie uns also handeln … (Aktionsplan)

→ Schreiben Sie Stichworte auf Karteikarten und notieren Sie die Uhrzeit, die Sie bei den jeweiligen Punkten anpeilen (→ Seite 115 f.).

→ Proben Sie Ihre Präsentation möglichst vor Ort, damit Sie sich an die räumlichen Gegebenheiten gewöhnen können. Stoppen Sie die Zeit, um entscheiden zu können, ob und an welcher Stelle Sie Ihren Vortrag kürzen müssen. Bitten Sie einen Kollegen zuzuschauen und Ihnen Feedback zu geben (→ Seite 72 f.).

→ Überlegen Sie, wen Sie schon im Vorfeld auf Ihre Seite ziehen könnten. Sprechen Sie mit Ihrem Team über die gemeinsame Verhandlungsstrategie – dann fällt es Ihnen in der größeren Runde später leichter, Ihre Position zu vertreten.

TIPP

Der Elevator-Pitch

→ Stellen Sie sich vor, dass Sie zufällig mit Ihrem Chef in den Aufzug steigen und nur 30 Sekunden Zeit haben, ihm eine Idee oder ein Projekt vorzustellen. Auch bei Empfängen, Messen und privaten Unternehmungen können Sie die Gunst der Stunde nutzen, um Ihren Chef, einen Kollegen, einen Kunden oder Auftraggeber anzusprechen. Ihr Ziel bei einem Elevator-Pitch ist es, Ihr Gegenüber so neugierig auf ein Projekt zu machen, dass er Ihnen ein weiteres Treffen vorschlägt.

Bereiten Sie sich auf den Fall der Fälle vor und halten Sie zumindest Ihre Visitenkarte bereit. Sinnvoll ist auch ein kurzes Memo oder ein Mini-Geschenk, das den anderen an Ihre Idee erinnern soll. Sie können sich einen einprägsamen Slogan oder ein griffiges Motto ausdenken, auch Bilder und Vergleiche prägen sich schnell ein.

→ Verteilen Sie am Ende Ihrer Präsentation Handouts, in denen Sie Ihren Vortrag kurz zusammenfassen. Detaillierte Tabellen und Grafiken können Sie in die Anlage aufnehmen.

Mit welchen Folien machen Sie Eindruck?

Wenn Sie über Ihr Projekt berichten oder eine neue Idee präsentieren, sollten Sie daran denken: Es ist Ihre ganz persönliche Show! Sie sind der Star und bestimmen die Regeln auf der Bühne.

Leider geben große Konzerne ihren Mitarbeitern oftmals aufwändig gestaltete Folien mit Firmenlogo, Texten und Grafiken vor, um ein einheitliches Erscheinungsbild zu wahren. Doch mit all den schriftlichen Informationen können Sie Ihre Zuhörer überfordern, auch allzu viele Zeichnungen und Bilder können ablenken.

Ganz gleich ob Sie Overhead-Folien oder PC-gesteuerte Animationen benutzen wollen, Ihre Devise sollte grundsätzlich lauten: »Weniger ist mehr« – daher sollten Sie die Firmenvorlagen etwas überarbeiten.

- Für jede Folie brauchen Sie mindestens eine Minute Zeit, bei einem Vortrag von 60 Minuten genügen 30 bis 40 Folien.
- Schreiben Sie nur Stichworte auf jede Folie und ergänzen Sie sie während des Vortrags durch weiterführende mündliche Informationen.
- Zeigen Sie die Schlüsselworte erst dann, wenn Sie sie aussprechen. Bereiten Sie Folien vor, die Sie während des Vortrags mit Worten, Zahlen oder Skizzen ergänzen können. So bauen Sie Spannung auf.
- Illustrieren Sie Ihre Aussagen mit Fotos oder Zeichnungen, deren Botschaft schnell erfassbar ist. Schaubilder und Grafiken sollten so wenig Informationen wie möglich enthalten, denn bei einem Vortrag oder einer Präsentation geht es um das große Ganze. Die Details können Sie im Handout unterbringen, das Sie am Ende verteilen.

Konstruktiv diskutieren

Ganz gleich ob Sie in einer lockeren Runde zu einer Diskussion zusammenkommen oder auf einem Podium sitzen und Außenstehende Ihnen zuhören:

- Bereiten Sie sich auf das Thema vor, indem Sie aktuelle Meldungen dazu lesen, eigene Argumente sammeln und überlegen, wie Sie auf Gegenargumente reagieren wollen.
- Nehmen Sie Stift und Papier mit, damit Sie sich etwas notieren können. Viel Zeit, um in Ihren Unterlagen zu blättern, werden Sie nicht haben. Legen Sie deshalb nur das Wichtigste auf den Tisch.
- Achten Sie darauf, dass Sie alle Gesprächsteilnehmer und (sofern es ihn gibt) den Diskussionsleiter im Blick haben. Bitten Sie im Falle des Falles darum, die Sitzordnung zu ändern.
- Bei Podiumsdiskussionen bittet Sie der Moderator zu Beginn meist um ein Statement. In diesen zwei Minuten präsentieren Sie sich erstmals dem Publikum: Sprechen Sie frei in die Runde und erläutern Sie Ihren Standpunkt. Die Details können Sie später nachschieben.

TIPP

→ Ist es Ihnen auch schon passiert, dass Sie sich völlig verschätzt haben, wie lange sie gesprochen haben? Stoppen Sie vorab mal die Zeit, damit Sie ein Gefühl für die Länge Ihres Statements bekommen.

- Falls es einen Diskussionsleiter gibt, geben Sie ein kurzes Handzeichen, um in die Reihenfolge der Redner aufgenommen zu werden. Manchmal lässt ein Diskussionsleiter das Gespräch aber auch »laufen«, wenn er merkt, dass die Teilnehmer aufeinander Rücksicht nehmen. Trauen Sie sich dann auch mal spontan zu sein und haken Sie ein, wenn sich gerade eine Redepause ergibt.
- Kommen Sie auf den Punkt, indem Sie sich klar und deutlich ausdrücken (→ Seite 32 f.). Schreiben Sie sich während der Diskussion ein paar Stichworte auf, damit Sie dann, wenn Sie an der Reihe sind, nicht vom Thema abschweifen.
- Für Ihre Argumentation können Sie sich an dem Fünf-Schritte-Modell orientieren, indem Sie Ihren Beitrag auf fünf Aspekte reduzieren (→ Seite 39 ff.).
- Hören Sie aktiv zu und unterbrechen Sie andere nicht (→ Seite 52 ff.).
- Auch wenn die Wogen manchmal hoch schwappen: Versuchen Sie sachlich zu bleiben und greifen Sie die anderen Gesprächsteilnehmer nicht persönlich an.
- Ziehen Sie auch mal einen Beitrag zurück, wenn sich das Gespräch in eine neue Richtung entwickelt hat und Ihr Gedanke nicht mehr zum Thema passt. Besser ist aber, Sie denken sich schnell ein neues Argument aus, um das Gespräch damit voranzutreiben.
- Wenn sich der Moderator bei einer Podiumsdiskussion nicht an die Absprachen hält, können Sie ihn höflich, aber bestimmt darauf hinweisen. Wenn er das Ruder dann nicht herumreißt, können Sie die Richtung Ihres Beitrags auch selbst festlegen, indem Sie sagen: »Das ist sicherlich ein wichtiges Thema. Aber ich würde jetzt gern noch auf den Punkt … kommen.«

TIPP

Wer diskutiert mit wem?

Überlegen Sie vor und während der Diskussion, welche Positionen die einzelnen Teilnehmer einnehmen: Mit den Kollegen, die Ihrer Meinung sind, lohnt es sich, eine Fraktion zu bilden. Unentschlossene können Sie durch gute Argumente auf Ihre Seite ziehen. Wenn Sie auf Kritiker treffen, die eine fest gefügte Meinung haben, müssen Sie sich auf eine faire Diskussion vorbereiten. Anstrengend wird es auch mit Kollegen, die kein Interesse am Thema haben und sich nicht engagieren wollen – wenn Sie solche Teilnehmer vor Ort motivieren wollen, könnte das eine vergebliche Liebesmüh sein.

→ Bei Podiumsdiskussionen können Sie versuchen, das letzte Statement zu bekommen. Bedenken Sie aber, dass bei Fernsehübertragungen die Sendung oftmals von hinten gekürzt wird.

Auf schwierige Teilnehmer richtig reagieren

Auch wenn es manchmal schwer fällt: Die wichtigste Regel im Umgang mit schwierigen Gesprächs-Teilnehmern ist, immer ruhig und freundlich zu bleiben.

SCHWÄTZER reden ohne Punkt und Komma, schweifen gern vom Thema ab und wiederholen oft, was andere schon gesagt haben. Unterbrechen Sie solche Kollegen höflich, indem Sie sie mit Namen ansprechen: »Herr Müller, Sie wollten doch eigentlich auf folgenden Punkt hinaus …«, »Frau Schulz, wir haben Sie – glaube ich – alle verstanden. Was sagen die anderen dazu?« oder »Herr Meier, wir sind jetzt etwas weit vom Thema abgekommen. Lassen Sie uns doch wieder zur Ausgangsfrage zurückkehren …«.

HEKTIKER UND MACHTPROTZE unterbrechen andere gern, um selbst zu Wort zu kommen. Sprechen Sie einfach weiter oder sagen Sie: »Ich bin gleich fertig.« Eine andere Möglichkeit: »Ich habe Sie nicht unterbrochen, jetzt lassen Sie mich bitte auch ausreden.«

BESSERWISSER geben zu allem einen Kommentar ab, zitieren gern Experten und Studien und wollen immer das letzte Wort haben. Würdigen Sie solche Beiträge kurz: »Danke für Ihren Einwurf, aber ich möchte jetzt fortfahren …« Sie können es auch mit der Zwei-Silben-Regel versuchen: »Ach ja« oder »So so« (→ Seite 45). Zu kniffligen Fragen können Sie den vermeintlichen Experten um Rat fragen – vielleicht muss er dann auch mal passen und hält sich von da an etwas mehr zurück.

CHOLERIKER provozieren andere gern, sie beharren auf ihrer Meinung und machen ihrem Ärger laut und vernehmlich Luft. Bleiben Sie ruhig! Je weniger Widerstand Sie zeigen, desto eher beruhigen sich solche Kollegen wieder. Manchmal helfen auch Ich-Botschaften: »Ich kann ja gut verstehen, dass …« (→ Seite 56 f.).

STÖRER kommen zu spät oder gehen früher, sie tuscheln oft, stellen »blöde« Fragen oder spielen den Pausenclown. Oft hilft es, die Störung einfach zu ignorieren. Oder: Halten Sie im Reden kurz inne, schauen Sie den Kollegen lächelnd an und fahren Sie erst fort, wenn wieder Ruhe herrscht. Sie können es natürlcih auch mit einer Ich-Botschaft versuchen.

NEIN-SAGER finden alles schlecht, kritisieren jeden Vorschlag und schaffen es manchmal sogar die Gruppe zu entmutigen. Lassen Sie sich von solchen Kollegen nicht die Laune vermiesen, sondern halten Sie sich an die Optimisten: »Herr Becker, was sagen Sie dazu?« Sie können auch in die Runde fragen: »Sind Sie auch dieser Meinung?«

SCHWEIGSAME beteiligen sich kaum am Gespräch und wirken desinteressiert. Sprechen Sie solche Kollegen direkt an und fragen Sie sie nach ihrer Meinung. Sie können auch anregen, dass alle Teilnehmer ihr Statement auf Karten schreiben – so erfahren Sie auch etwas von den schüchternen Kollegen.

Gesprächs-Situationen in größerer Runde

Was bei Gesprächen unter vier Augen hilfreich ist, lässt sich natürlich auch auf Diskussionen, Meetings und Konferenzen übertragen. Doch über die Empfehlungen für Zweiergespräche hinaus gibt es Tools, die erst in größeren Runden sinnvoll sind.

In Diskussionen zum Beispiel ist es wichtig, dass Sie gewisse Spielregeln einhalten – sonst sagt jeder seine Meinung oder macht Vorschläge, aber bis man an die Reihe kommt, kann das manchmal ziemlich lange dauern. Bei »offiziellen« Konferenzen gibt es deshalb meist eine Tagesordnung, damit die einzelnen Punkte stringent abgearbeitet werden können. Wichtig für Ihr Zeitmanagement: Wie lassen sich Gespräche in größerer Runde abkürzen? Zu welchen Meetings müssen Sie unbedingt gehen? Welche Konferenzen können Sie sich sparen?

Situation 1: Diskussion

»Wie finden Sie es, wenn Angestellte das Internet im Job auch privat nutzen?«, »Was können wir tun, um noch mehr Kunden zu gewinnen?«, »Beim Projekt … ist etwas schief gelaufen. Wie können wir die Probleme in Zukunft vermeiden?« Über solche Fragen lässt es sich wunderbar diskutieren. Das Gespräch kann spontan zwischen Tür und Angel entstehen, aber auch ganz offiziell für ein Meeting oder eine Konferenz anberaumt werden.

Manche Themen sind so heikel, dass sich die Stimmung schnell hoch schaukelt. Wenn sich mehr als fünf Personen die Köpfe heiß reden, ist es sinnvoll, einen Diskussionsleiter zu bestimmen – dann kommen alle zu Wort und halten die Spielregeln leichter ein (→ Seite 102 f.).

Ziel einer Diskussion ist es, verschiedene Meinungen oder Lösungsansätze zu sammeln und die Standpunkte der anderen kennen zu lernen:

- Bei einem Meinungsaustausch kann sich am Ende eine Ansicht als die »richtige« durchsetzen. Es können aber auch verschiedene Meinungen nebeneinander stehen bleiben.
- Wenn es darum geht, ein Problem zu lösen, sollte die Diskussion in einen Aktionsplan münden. Überlegen Sie auch, welche Kriterien Sie für die Erfolgskontrolle aufstellen können.

Wie Frauen und Männer diskutieren

Für ihr Buch »Job-Talk« stellte sich die amerikanische Linguistik-Professorin Deborah Tannen die Frage, wie Frauen und Männer am Arbeitsplatz miteinander reden. Ihr Fazit: Frauen gehen mit einem Handicap an den Start, denn sie haben als Mädchen nicht gelernt, sich in größeren gemischten Gruppen zu behaupten.

Doch mit etwas Übung und einer höheren beruflichen Position werden die meisten Frauen selbstbewusster, sodass letztlich der Status für das Durchsetzungsvermögen entscheidender ist als das Geschlecht.

Studien zeigen: Es gibt keinen typisch weiblichen und typisch männlichen Gesprächsstil, denn schon allein in reinen Frauen- bzw. Männergruppen reden Frauen bzw. Männer anders als in gemischten Diskussionsrunden. Doch immer, wenn unterschiedliche Rituale aufeinander treffen, können Probleme entstehen:

- Viele Männer neigen zu Behauptungen statt Fragen zu stellen, sie suchen die Konfrontation, geben lieber Anweisungen und streiten gern, weil sie das als Herausforderung sehen und Spaß daran haben.
- Frauen arbeiten lieber zusammen, unterstützen den anderen, machen eher Vorschläge und stellen mehr Fragen.

Aber das alles sagt noch lange nichts über ein Besser oder Schlechter aus. Deborah Tannen konnte zum Beispiel nachweisen, dass Frauen in reinen Frauenrunden häufiger unterbrochen werden als in gemischten Gruppen. Sie schaute deshalb genauer hin und stellte fest: In reinen Frauengruppen überlappen sich die Gespräche häufig, weil sich die Teilnehmerinnen durch ihre Kommentare gegenseitig vorantreiben. In gemischten Gruppen neigen Frauen jedoch dazu aufzugeben, wenn sie häufiger von Männern unterbrochen werden. So erklärt sich auch, dass die Redebeiträge von Männern im Durchschnitt doppelt so lang sind wie die der Frauen.

Für gemischte Gruppen stellte die amerikanische Kommunikationsexpertin und Buchautorin fest: Sowohl Männer als auch Frauen können in diesen Konstellationen zu Wortführern werden. Gute Voraussetzungen dafür sind ein hoher Status, eine lange Betriebszugehörigkeit und ein großer Bekanntheitsgrad – und natürlich eine gute Portion Redegewandtheit.

Unabhängig vom Geschlecht ist demnach Folgendes:

- Vorgesetzte und Chefs sprechen oft mehr als Angestellte.
- Wer die Macht hat, bestimmt häufig die Themen.
- Wer zuerst spricht, legt meist das Thema fest.

Umgang mit schwierigen Gesprächspartnern

Wie sehr Sie auch von Ihrem Gegenüber genervt sein mögen: Bleiben Sie ruhig und freundlich, gehen Sie auf die Sache ein und behalten Sie den Überblick. Wenn Sie konsequent bleiben, läuft Ihr Gesprächspartner gegen die Wand und merkt, dass er so nicht weiterkommt. Wenn Sie sich jedoch auf sein Niveau begeben, können sich die Emotionen schnell hochschaukeln – konstruktive Ergebnisse sind dann kaum noch möglich.

TRATSCHTANTEN: Zeigen Sie kein Interesse an Tratsch und Klatsch. Hinterfragen Sie die Gerüchte: Was ist tatsächlich dran? Wer hat sie in Umlauf gebracht? Wer kann sie widerlegen? Stellen Sie falsche Behauptungen und haltlose Vorwürfe richtig. Wenn gar nichts hilft:

Deuten Sie unmissverständlich an, dass Sie sich an Ihren Chef oder an den Betriebsrat wenden werden.

SCHLÜPFRIGE BEMERKUNGEN: Zweideutige Angebote wehren Sie am besten durch eindeutige Aussagen ab. Sagen Sie klar und deutlich, dass Sie an dem Angebot kein Interesse haben. Sie können eine feste Beziehung vortäuschen, um für eine Weile Ihre Ruhe zu haben, oder es mit der Frage versuchen: »Kann ich meine Kinder mitbringen?« Abschreckend wirkt auch die Aufforderung: »Gehen wir doch gleich mal zu meinem Chef. Vielleicht kann er Ihnen weiterhelfen.«

BELEIDIGUNGEN: Erklären Sie mit Ich-Botschaften, wie es Ihnen ergeht: »Ich empfinde das als Beleidigung und möchte nicht, dass wir uns auf diesem Niveau weiter unterhalten.« (→ Seite 56 f.) Manchmal hilft auch eine Gegenfrage: »Soll ich das als Kompliment verstehen?« oder »Soll ich Ihre Bemerkung an meinen Chef weiterleiten?«

So können Sie sich Gehör verschaffen

In größeren Runden muss man sich durchsetzen lernen. Sabine Schicke, Trainerin für Persönlichkeitsentwicklung und Kommunikation aus Oldenburg, empfiehlt:

- Heben Sie die Hand, um zu signalisieren, dass Sie etwas sagen wollen. Wenn jemand Sie übergeht, protestieren Sie ruhig und appellieren Sie an die Fairness: Wer sich zuerst meldet, kommt auch zuerst dran.
- Sprechen Sie laut und deutlich in die Runde und nehmen Sie sich einen angemessenen Raum für Ihren Beitrag.
- Vermeiden Sie Formulierungen wie »eigentlich«, »Ich denke …« und »Ich glaube …« – damit schwächen Sie Ihre Aussagen nur unnötig ab.
- Springen Sie ab und zu auch mal ins kalte Wasser und schlagen Sie eine Idee vor, die Ihnen gerade eingefallen ist. So zeigen Sie allen, dass Sie mitdenken.
- Wenn Ihnen jemand bei einem Thema, einem Projekt oder einem Vorschlag widerspricht, sollten Sie nicht gleich nachgeben. Versuchen

Sie die Spannung auszuhalten und halten Sie den Blickkontakt zu Ihrem vermeintlichen Gegner.

- Wiederholen Sie Ihren Standpunkt: »Das ist ein guter Gedanke, Herr Müller. Ich bin aber wie gesagt davon überzeugt, dass …«
- Bieten Sie nicht allzu früh einen Kompromiss an, das könnte Ihnen als Schwäche ausgelegt werden.

Situation 2: Konferenz

Während viele Diskussionen spontan in lockerer Runde entstehen, sind die meisten Konferenzen von langer Hand angekündigt und in der Regel gibt es daher auch eine Tagesordnung. Doch auch wenn eine Liste der einzelnen Punkte vorliegt, über die gesprochen werden soll, kranken viele Meetings daran, dass die Teilnehmer trotzdem nicht gut vorbereitet sind.

Hinzu kommt, dass sich in manchen Wochen die Konferenzen, Meetings, Teamsitzungen, Abteilungsrunden, Projektbesprechungen und Kundengespräche häufen – und eh man sich's versieht, ist es Freitag, und man hat das Gefühl, nichts so richtig geschafft zu haben.

Hier ein paar Tipps für effektive Meetings:

- Erkundigen Sie sich, welches Ziel die Konferenz hat bzw. was bei den einzelnen Unterpunkten erreicht werden soll. Denn nur wenn Sie das Ziel kennen, können Sie sich direkt darauf vorbereiten.
- Fragen Sie, wie lange das Gespräch zu den einzelnen Tagesordnungspunkten dauern wird und ob Sie bei allen Themen anwesend sein müssen. Wenn nicht, können Sie darum bitten, nur dann anwesend sein zu müssen, wenn es um Ihre eigenen Projekte geht.
- Bringen Sie alle Materialien zur Konferenz mit, die Sie für Ihre Argumentation brauchen. Ordnen Sie die Unterlagen chronologisch, sodass Sie bei jedem Tagesordnungspunkt sofort im Bilde sind. Es ist für alle Teilnehmer ziemlich nervig, wenn Sie ständig blättern müssen

INFO

Konferenzen per Video

Müssen Sie häufig mit mehreren Geschäftspartnern am Telefon sprechen und verhandeln? Das kann mühselig werden und auch zu Missverständnissen führen, wenn sich die Teilnehmer bei Telefonkonferenzen nicht an der Stimme erkennen können. Die Alternative, sich persönlich zu treffen, ist häufig zu teuer und steht in keinem Verhältnis zum zeitlichen Aufwand. Die Lösung: Vor allem bei internationalen Konzernen sind Videokonferenzen mittlerweile üblich. Im Gegensatz zu Telefonkonferenzen lernen sich die Gesprächsteilnehmer per Video persönlicher kennen – das schafft eine bessere emotionale Bindung.

oder gar noch mal zurück in Ihr Büro laufen müssen, weil Sie etwas vergessen haben.

- Konzentrieren Sie sich bei Konferenzen auf die Fakten und lassen Sie private Plänkeleien mit anderen Teilnehmern außen vor.
- Bitten Sie Ihre Kollegen, sich kurz zu fassen, und gehen Sie mit gutem Beispiel voran. Wer sich gern reden hört, macht keinen guten Eindruck (Schwätzer → Seite 90).

Situation 3: Externes Meeting

Persönliche Gespräche mit Geschäftspartnern, Kunden, Sponsoren und freien Mitarbeitern sind oft Chefsache: Man trifft sich in der eigenen Firma, in einem anderen Unternehmen oder an einem neutralen Ort – zum Beispiel am Rande einer Tagung in einem Konferenzraum, im Restaurant oder im Hotel. Manche Vorgesetzte lassen sich bei sol-

TIPP

Sitzung im Stehen

→ Konferenzen und Meetings dauern oft recht lange – obwohl es eigentlich einfach wäre, Zeit zu sparen: Laden Sie zu einer Stehkonferenz ein oder stellen Sie einen entsprechenden Antrag. Wenn alle stehen und auch keinen Tisch oder Barhocker zum Anlehnen haben, wenn jeder seine Unterlagen in der Hand halten muss und wenn es keine Getränke gibt, fassen sich die Leute kurz. Probieren Sie es aus!

chen Gesprächen nicht gern in die Karten gucken – vor allem dann, wenn es um die Akquise, also um neue Projekte und um deren Kosten geht. Doch nicht alle Themen sind so heikel, dass sie nur im Kreis besprochen werden könnten. Und die Erfahrungen mit solchen Verhandlungsrunden sind gut für Ihr rhetorisches Know-how. Überlegen Sie sich deshalb, was Sie beitragen können:

→ Kennen Sie sich gut in dem Thema oder bei dem Projekt aus?

→ Haben Sie bereits eigene Kontakte zu dem Geschäftspartner, Kunden oder externen Mitarbeiter aufgebaut?

→ Könnten Sie Ihren Vorgesetzten darin unterstützen, eine positive und lockere Gesprächsatmosphäre aufzubauen?

Sicherlich: Wenn Ihr Chef die Zügel allein in der Hand behalten will, wird es schwierig, ihn davon zu überzeugen, dass Sie gemeinsam vielleicht mehr erreichen würden. Sie können jedoch immer wieder mal andeuten, welche Vorteile eine größere Gesprächsrunde hätte – vielleicht stoßen Sie dann ja doch irgendwann auf offene Ohren:

→ Wenn sich zwei Personen Zeit nehmen, signalisiert Ihre Firma, dass das Treffen wichtig ist. Die andere Seite kommt vielleicht auch mit mehreren Leuten, dann wären Sie von der Anzahl her gleich stark.

→ Sie können Ihrem Chef lästige Aufgaben abnehmen, indem Sie das Thema kurz präsentieren, die Fakten zusammenfassen oder von einem ähnlichen Projekt aus Ihrem eigenen Arbeitsbereich berichten.

- Während Sie reden, hat Ihr Chef etwas Zeit zum Nachdenken. So kann er sich neue Argumente überlegen oder aber eine andere Strategie zurechtlegen.
- Alt und Jung sowie verschiedene Temperamente sind oft eine gute Kombination, um die Wellenlänge des Gesprächspartners auszuloten.
- Sie können die Bälle hin- und herspielen. Wenn das gut klappt, kann eine auch noch so ernste Besprechung sogar Spaß machen.

Meetings mit Geschäftspartnern werden Ihnen locker von der Hand gehen, solange die Chemie zwischen Ihnen und Ihrem Chef stimmt und beide Seiten mit der bisherigen Zusammenarbeit zufrieden sind.

Pluspunkte sammeln

Beim Chef und bei den Kollegen fallen Sie während einer Konferenz positiv auf, wenn Sie …

- sich gut auf das Thema vorbereitet haben,
- frühzeitig das Wort ergreifen,
- mehrere konstruktive Vorschläge machen,
- eine angemessene Redezeit einhalten,
- die Fakten sofort parat haben,
- für eine lockere Atmosphäre sorgen,
- gemeinsam mit anderen Kollegen eine Position vertreten,
- zwischen Streithähnen vermitteln,
- Ihre Mithilfe anbieten, wenn es um den konkreten Aktionsplan geht.

Doch wehe, es sind Probleme aufgetaucht! Wenn Ihre Firma einen Termin nicht eingehalten hat, wenn das Produkt oder die Dienstleistung teurer geworden sind, wenn der Kunde zu spät oder noch nicht gezahlt hat – dann ist Fingerspitzengefühl gefragt.

Sprechen Sie mit Ihrem Chef oder Ihren Kollegen über den Stand der Dinge und legen Sie sich eine Verhandlungsstrategie zurecht:

- Überlegen Sie, welches Ziel Sie erreichen wollen und mit welchem Kompromiss Sie sich zufrieden geben könnten.
- Denken Sie sich eine Strategie aus: Wie wollen Sie das Thema ansprechen? Wie wird Ihr Gegenüber wahrscheinlich reagieren? Welche Argumente können Sie dagegenhalten?
- Wann wäre der Punkt erreicht, an dem Sie die Verhandlung lieber abbrechen oder vertagen würden?

Je besser Sie sich auf ein schwieriges Gespräch vorbereiten und je genauer Sie wissen, wie die Rollen bei dem Treffen verteilt sind, desto besser sind Ihre Chancen auf einen Erfolg.

Sympathisch oder unsympathisch?

Wenn Sie jemanden auf Anhieb mögen, wird es Ihnen leicht fallen, mit ihm ins Gespräch zu kommen – konstruktive Ergebnisse sind dann sehr wahrscheinlich. Schwieriger wird es, wenn Sie mit jemandem sprechen müssen, der Ihnen unsympathisch ist. Auch wenn es die fieseste Kollegin, der mäkeligste Kunde oder der kritischste Chef ist: Überlegen Sie, welche guten Seiten Ihr Gegenüber hat und was Sie – trotz allem – an ihm schätzen. Vielleicht können Sie Ihr Bild ja etwas zurechtrücken, wenn Sie diesen Fragen auf den Grund gehen: Könnte es sein, dass …

… Ihr erster Eindruck falsch ist?

… Sie an dem anderen etwas ablehnen, was Sie an sich selbst nicht mögen, aber nicht in den Griff bekommen?

… Sie neidisch auf den anderen sind?

ÜBUNG

Gekonnt verhandeln lässt sich lernen

Wenn Sie zu zweit oder zu dritt mit einem Gegenüber verhandeln, dürfen Sie sich gegenseitig nicht in den Rücken fallen. Zur Übung können Sie mit einem Kollegen oder einer Freundin auf den Flohmarkt gehen: Spielen Sie sich beim Verhandeln die Bälle zu, das trainiert die Aufmerksamkeit.

… Sie den anderen als Konkurrenz empfinden?

… Sie von früher jemand kennen, der so ähnlich war und mit dem Sie schlechte Erfahrungen gemacht haben?

Situation 4: Diskussionsrunde

Hat Ihr Chef Sie schon mal gebeten, eine Besprechung zu moderieren? Vielleicht trauen Sie sich das nicht gleich auf Anhieb zu, weil Sie Sorge haben, dass dann alles drunter und drüber geht. Doch keine Angst: Die Tricks, wie Sie eine Diskussion leiten, können Sie lernen.

Grundsätzlich geht es bei Diskussionen darum, dass mehrere Personen gemeinsam ein Ziel erreichen wollen – und Ihre Aufgabe ist es, diesen kreativen Prozess einzuleiten und die Gruppe auf ihrem Weg zu unterstützen. Beispiele:

- → Eine Arbeitsgruppe will über ein neues Projekt diskutieren und einen realistischen Zeit- und Arbeitsplan für das Projekt erstellen.
- → Ein Team überlegt, wie es mit einer Entscheidung »von oben« oder mit neu geschaffenen Strukturen umgehen will.
- → Zwei Abteilungen überlegen, wie sie einen Konflikt lösen können.

Als Diskussionsleiter haben Sie folgende Aufgaben:

- Bieten Sie ein paar Spielregeln an: Kündigen Sie die Dauer der Diskussion und eine Pause nach spätestens 90 Minuten an. Schränken Sie die Redezeit ein. Lassen Sie nur kritische Äußerungen zu Sachfragen zu. Schreiten Sie ein, wenn jemand verletzende Bemerkungen macht.
- Lassen Sie alle Teilnehmer zu Wort kommen. Nennen Sie die Reihenfolge der Meldungen und arbeiten Sie die Liste konsequent ab.
- Beobachten Sie die Stimmung der Gruppe und reagieren Sie frühzeitig auf mögliche Störquellen.
- Sie selbst sollten so neutral wie möglich bleiben. Halten Sie sich deshalb mit Ihrer eigenen Meinung, mit Bewertungen und Kritik zurück.
- Sichern Sie die Ergebnisse (Protokoll, Flipcharts, Pinnwände).

Damit alle zu Wort kommen

An lebhaften Diskussionen beteiligen sich meist nur die (vor)lauten und selbstbewussten Teilnehmer. Damit alle – und zwar auch die schweigsameren – ihre Meinung sagen können, hilft es, einen Moderator zu bestimmen. Diese Methoden haben sich außerdem bewährt:

BRAINSTORMING: Zu Beginn einer Besprechung geht es oft darum, viele Ideen zu sammeln. Notieren Sie die Frage auf dem Flipchart oder einer Pinnwand und bitten Sie die Teilnehmer, Ihnen die Ideen zuzurufen. Sie notieren alles in Stichworten. Wichtig: Jede Idee ist willkommen, es können auch ganz »verrückte« Vorschläge sein. Danach bitten Sie die Gruppe die Ideen zu bewerten und zu gewichten.

KARTENABFRAGE: Schreiben Sie die Frage an eine Tafel und verteilen Sie an jeden Teilnehmer jeweils drei Karten und einen dicken Stift. Bitten Sie darum, jeweils eine Idee pro Karte in gut lesbaren Stichworten zu notieren. An der Tafel können Sie die Karten dann gemeinsam zu einzelnen Themen gruppieren.

GEWICHTUNG MIT PUNKTEN: Um ein Meinungsbild zu verschiedenen Themen zu bekommen, schreiben Sie eine Tabelle und verteilen

TIPP

Presserummel

→ Wenn Journalisten, Fotografen und Kameraleute zu einer Podiumsdiskussion kommen, bringt das immer etwas Unruhe mit sich. Sollte es Ihre Aufgabe sein, sich um die Presseleute zu kümmern, müssen Sie vorab folgende Fragen klären: Welche Raumtechnik ist vorhanden? Wo können die Kameras stehen? Wann sind Extra-Interviews möglich?
Halten Sie während der Podiumsdiskussion Blickkontakt zu dem Moderator und den Journalisten und gehen Sie mit Störungen so locker wie möglich um – die Medienvertreter machen auch nur ihren Job.

Sie pro Person drei Klebepunkte. Entscheiden Sie vorher, ob die Teilnehmer »häufeln« dürfen oder nicht. Die Auszählung zeigt Ihnen die Schwerpunkte.

BLITZLICHT-UMFRAGE: Bei lebhaften Diskussionen melden sich die ruhigeren Teilnehmer oft nicht zu Wort. Bitten Sie zwischendurch die ganze Runde um kurze Statements: »Was meinen Sie dazu?«

Leitfaden für die Moderation

1. ZIEL: Was genau wollen die Teilnehmer erreichen?
2. KONZEPT: Überlegen Sie sich eine logische Reihenfolge der Themen.
3. METHODEN: Was könnten Sie anbieten, damit die Gruppe schneller zu einer Lösung kommt (siehe oben)?
4. ZEITPLAN: Wie lange brauchen Sie für jedes Thema? Spätestens nach 90 Minuten ist eine Pause sinnvoll.
5. UNTERLAGEN: Schreiben Sie Ihre Planung auf Flipchart-Papiere und halten Sie mehrere Blätter für Notizen bereit (z. B. Reihenfolge der Redner, noch nicht beantwortete Fragen).

Vor Ort:

6 **BEGRÜSSUNG:** Stimmen Sie die Teilnehmer positiv auf die Diskussion ein, indem Sie sie freundlich begrüßen.

7 **EINSTIEG:** Warum trifft sich die Gruppe? Welche Gespräche gingen der Diskussion voran? Welches Ziel hat das heutige Treffen?

8 **MODERATION:** Sammeln Sie Ideen, gewichten Sie gemeinsam die Themen, fragen Sie nach Vor- und Nachteilen und vertiefen Sie einzelne Aspekte.

9 **ENTSCHEIDUNG:** Bitten Sie die Teilnehmer, sich per Handzeichen oder Strichliste auf eine Lösung/Strategie festzulegen.

10 **TO-DO-LISTE:** Wer hat bis wann was zu tun? (Tabelle)

11 **ABSCHLUSS:** Zusammenfassung, Ausblick und Verabschiedung.

Was können Sie tun, wenn …

… alle durcheinander reden? Achten Sie streng auf die Reihenfolge der Wortmeldungen. Wenn Sie den Überblick verlieren, bitten Sie noch einmal um Handzeichen. Sie können die Namen auch auf dem Flipchart notieren.

… die Diskussion stockt? Fragen Sie: »Was meinen Sie damit?«, »Welches Beispiel gibt es dafür?« oder »Was ist Ihnen noch wichtig?«. Manchmal hilft eine Blitzlicht-Umfrage, damit alle zu Wort kommen.

… die Zeit davonläuft? Erinnern Sie an den Zeitplan. Bitten Sie die Teilnehmer, sich kurz zu fassen. Überlegen Sie, welche Themen Sie auf einen weiteren Termin verschieben könnten.

(Mehr hierzu finden Sie unter Störer → Seite 91, Schwätzer → Seite 90.)

Situation 5: Podiumsdiskussion erfolgreich moderieren

Wenn Sie schon etwas Übung darin haben, eine Diskussion zu leiten, könnte der nächste Schritt sein, dass Sie mal eine Podiumsdiskus-

ÜBUNG

Von Profis lernen

Schauen Sie sich Fernsehdiskussionen mit Moderatorinnen wie Maybritt Illner und Sabine Christiansen oder den Presseclub an. Machen Sie ein kurzes Ablaufprotokoll, notieren Sie die Dauer einzelner Gesprächsthemen und überlegen Sie, was Ihnen an der Moderation gefällt und was nicht. Oder beobachten Sie Talkmaster wie Stefan Raab, Kabarettisten wie Dieter Hildebrandt und Komiker wie Loriot und Heinz Erhardt. Nehmen Sie sich ein paar Beiträge auf Video auf und versuchen Sie, das Erfolgsgeheimnis dieser humorvollen Redner zu lüften.

sion moderieren – solche Gelegenheiten bieten sich häufig im Rahmen von Pressekonferenzen, Fachmessen und Symposien an. Ihre Aufgabe als Moderator ist es dann, dafür zu sorgen, dass sich die geladenen Podiumsgäste wohl fühlen und miteinander ins Gespräch kommen. Um ein Informations- oder Streitgespräch mit mehreren Teilnehmern in Gang zu bringen, können Sie verschiedene Techniken anwenden:

- Zur Einstimmung auf das Thema stellen Sie viele offene Fragen. Um die Diskussion später zuzuspitzen, nageln Sie die Teilnehmer mit geschlossenen Fragen auf einzelne Positionen fest (→ Seite 56).
- Wenn Sie Widerspruch provozieren wollen, können Sie die Podiumsgäste mit anderen Meinungen konfrontieren.
- Bei Umgereimtheiten können Sie kritisch nachhaken und eigene Hintergrundinformationen einstreuen.

Wenn alles wie am Schnürchen läuft, ist die Podiumsdiskussion nicht nur für Ihre Firma, sondern auch für Sie eine gute Selbst-PR. Vor allem wenn die Presse darüber berichtet, können Sie bei vielen Menschen einen bleibenden Eindruck hinterlassen. Kleiner Trost: Das Moderieren kann man nicht »trocken« üben. Sie müssen also den einen oder anderen Fehler machen, das nimmt Ihnen auch niemand übel. Beim nächsten Mal machen Sie es garantiert besser.

Wie Sie sich vorbereiten

Mit der richtigen Vorbereitung wird Ihnen auch eine gute Moderation bei einer wichtigen oder schwierigen Veranstaltung gelingen. Im Vorfeld können Sie schon einiges abklären.

1. ZIELE: Was wollen Sie persönlich mit Ihrer Moderation erreichen? Was will Ihre Firma bzw. Ihr Auftraggeber?
2. AUSWAHL: Wen will Ihre Firma einladen? Bedenken Sie, dass Sie bereits etwas Übung haben müssen, wenn Sie mit mehr als vier oder fünf Podiumsgästen sprechen wollen.
3. RECHERCHE: Sprechen Sie vorab per Telefon oder besser noch persönlich mit den Podiumsgästen. Wie lauten deren Kernaussagen? Wer bleibt sachlich? Wer provoziert gern?
4. KARTEN: Schreiben Sie Ihre Statements und Fragen auf DIN-A6-Karten, die Sie nummerieren.

Befinden Sie sich vor Ort, der Saal füllt sich langsam mit Gästen und Ihre Anspannung steigt? Diese fünf Regeln helfen Ihnen die Situation richtig in den Griff zu bekommen.

1. RAUM: Überprüfen Sie, ob die Sitzordnung und die Namensschilder stimmen und ob die Technik funktioniert.
2. VORSTELLUNG: Nennen Sie das Thema des Abends und stellen Sie die Podiumsgäste kurz in eigenen Worten vor. Das spart Zeit.
3. EINSTIMMUNG: Eröffnen Sie mit ein paar Fakten oder eigenen Überlegungen. Bitten Sie jeden Gast um ein erstes Statement.

4 **MODERATION:** Bringen Sie die Gäste ins Gespräch und fassen Sie zwischendurch die Thesen und Aussagen zusammen.

5 **ABSCHLUSS:** Geben Sie das Diskussionsergebnis in ein paar Sätzen wider und leiten Sie zu den Fragen aus dem Publikum über.

INFO

Rhetorische Stilmittel

- → Antithesen: »Die Ersten werden die letzten sein.«
- → Beispiele: »Das funktioniert zum Beispiel auch bei ...«, »Dazu fällt mir ein passendes Beispiel ein«, »Ich will Ihnen drei verschiedene Beispiele hierfür geben«.
- → Vergleiche: »Das ist wie ...«, »Sie kennen das sicherlich vom ...«, »Man könnte das vergleichen mit ...«.
- → Metaphern: »Wir sind wie eine große Familie«, »Wir sitzen alle im selben Boot«, »Der Weg führt uns zu ...«.
- → Gleichnisse: »Das ist dasselbe wie ...«, »Das ist genauso, als wenn ...«, »Wenn ich ... wäre, würde ich ... machen«.
- → Anapher: »I have a dream« wiederholte Martin Luther King an mehreren Satzanfängen seiner berühmten Rede. Der Gegensatz zur Anapher ist die Epipher – das sind Wiederholungen am Ende mehrerer Sätze.
- → Hyperbel: »todmüde«, »überpünktlich«
- → Rhetorische Fragen: »Sind wir nicht alle ...?«, »Wollen wir ...?«, »Können ... etwas dafür?« Solche Fragen sollen die Zuhörer zum Nachdenken anregen, die Antworten gibt der Redner aber selbst.
- → Suggestivfragen: »Ist es nicht so, dass ...?«, »Habe ich nicht Recht, wenn ich ...?«

4

5 Bühne frei – Vorträge und Reden

→ Im Job gibt es immer wieder Anlässe für eine Ansprache oder eine Rede: Sie können den Geburtstag einer Kollegin würdigen, ein paar Worte bei einer Betriebsfeier oder einem Jubiläum sagen oder einen Fachvortrag bei einer Messe oder einem Kongress halten. Damit Ihnen Ihr Publikum gern zuhört, sollten Sie sich gut vorbereiten und eine gewisse Dramaturgie einhalten.

Tools für Vorträge und Reden

Das Reden können Sie nur durchs Reden lernen. All die Ratschläge von Kollegen und Freunden, all die Tipps aus Büchern (wie diesem hier) und all die vielen Reden, denen Sie zuhören, helfen zwar. Aber erst beim Reden selbst merken Sie, was für Sie ganz persönlich stimmt. Sie müssen es ausprobieren – und zwar nicht nur einmal, sondern so oft Sie Gelegenheit dazu haben. Der amerikanische Rhetorik-Experte Dale Carnegie empfiehlt: »Bereiten Sie sich nicht nur zehn Minuten oder zehn Stunden vor, sondern lieber zehn Wochen oder Monate, am besten Jahre!«

Außerhalb des Jobs können Sie das Reden in Debattierclubs üben, die vielen Volkshochschulen und Universitäten angegliedert sind. Redetrainings bieten auch die *Toastmasters* und deren Untergruppen an, die nach dem Vorbild amerikanischer Debattierclubs organisiert sind und ein spezielles Trainingsprogramm entwickelt haben.

Der gute Redner

5

Eine gute Rede zeichnet sich vor allem durch einen guten Redner aus. Und der unterscheidet sich von einem schlechten Redner dadurch, dass er weiß, über was er spricht – sonst kommen ihm die Zuhörer schnell auf die Schliche. Genauso wichtig ist aber, dass der Redner authentisch bleibt, denn nur dann wirkt das, was er sagt, auch glaubhaft (innere Einstellung → Seite 11).

Guter Redner

- Sie sind dankbar für den Auftrag, zu diesem Zeitpunkt und vor diesem Publikum eine Rede halten zu dürfen.
- Sie sind von Ihrem Thema begeistert und wollen auch andere motivieren, sich etwas intensiver damit zu beschäftigen.
- Sie haben ein stimmiges Körpergefühl und lassen sich von Ihrem Lampenfieber zu Höchstleistungen anspornen (→ Seite 112).
- Sie freuen sich auf Ihren »Auftritt« und begegnen Ihrem Publikum selbstbewusst und offen.
- Sie wissen, was die Zuhörer an Ihrem Thema interessiert, und können deren Sprache sprechen.
- Sie kennen sich in Ihrem Thema so gut aus, dass Sie anschauliche Beispiele und Vergleiche bringen und flexibel auf veränderte Bedingungen vor Ort reagieren können.
- Falls die Bedingungen nicht ganz so optimal sind, wie Sie sich das gewünscht haben, dann scheuen Sie sich nicht, das vor oder während Ihres Auftritts kurz anzusprechen oder schlimmstenfalls die Rede sogar ganz abzusagen.

Fazit: Versuchen Sie immer, ganz Sie selbst zu sein. Wer sich verstellt, andere nachahmt oder Regeln nur um der Regeln willen beherzigt, macht es sich selbst nur unnötig schwer. Authentisch sind Sie immer dann, wenn Sie sich in Ihrer Haut wohl fühlen und mit Ihrer Rolle oder Ihrer Aufgabe völlig eins sind.

Einstieg mit Pfiff

Machen Sie Ihre Zuhörer gleich zu Beginn Ihrer Rede neugierig auf das, was noch kommen wird. Mit einem pfiffigen Einstieg signalisieren Sie auch gleich, dass es Spaß machen wird, Ihnen weiter zuzuhören. Erzählen Sie Ihrer Freundin oder Kollegin verschiedene Möglichkeiten für den Einstieg, und probieren Sie aus, was am besten wirkt. Zur Anregung ein paar Beispiele:

ZITATE finden Sie in speziellen Nachschlagewerken und im Internet. Achten Sie darauf, dass das Zitat auch tatsächlich zu dem Kern Ihres Themas führt.

ANEKDOTEN können Sie selbst erlebt haben, oftmals stammen sie aber von mehr oder weniger prominenten Zeitgenossen.

EIN PERSÖNLICHES ERLEBNIS zeigt Ihren Zuhörern, was für ein Mensch Sie sind – das kann gleich zu Beginn einer Rede Bindungen zum Publikum schaffen.

EINEN AKTUELLEN BEZUG finden Sie, indem Sie die Nachrichten verfolgen oder mit anderen Experten über das Thema sprechen.

HISTORISCHE EREIGNISSE wecken Erinnerungen und können ein Gemeinschaftsgefühl schaffen.

MIT RHETORISCHEN FRAGEN können Sie versprechen, dass Sie im Laufe Ihrer Rede die Antworten geben werden: »Sie wollen … wissen? Sie wollen … haben? Sie wollen … machen? Wenn Sie darauf mit Ja antworten, sind Sie hier richtig.« (→ Seite 107)

ANSCHAUUNGSOBJEKTE eignen sich, um die Aufmerksamkeit des Publikums zu wecken. Je skurriler die Idee, umso besser.

ABSTIMMUNGSFRAGEN motivieren das Publikum aktiv zu werden. Beispiele: »Wer will mehr Geld verdienen?«, »Die meisten Konferenzen sind viel zu lang. Hand hoch: Wer findet das auch?«

MITMACH-AKTIONEN bringen Bewegung in das Publikum. Denken Sie sich etwas aus, was Ihre Zuhörer im Sitzen oder im Stehen leicht nachahmen können.

So können Sie den Hauptteil gliedern

Um Ihr Publikum von Stufe zu Stufe zum Ziel Ihrer Rede zu führen, müssen Sie sich eine sinnvolle Gliederung überlegen. Sie können sich an dem Fünf-Schritte-Modell orientieren und die einzelnen Punkte dann etwas länger ausformulieren (→ Seite 39 f.). Einen roten Faden haben Sie auch, wenn Sie folgende Prinzipien beherzigen:

- von der Vergangenheit über die Gegenwart zur Zukunft,
- vom Ziel über Planung und Durchführung zur Kontrolle,
- vom Detail zum Ganzen,
- vom Einfachen zum Schwierigen.

Lampenfieber gehört dazu

Sicherlich kennen Sie das: Kurz vor einem wichtigen Gespräch oder einem Vortrag meldet sich das Lampenfieber. Selbst Schauspieler, die jeden Abend auf der Bühne stehen, kennen das Gefühl. So lästig es auch sein mag: Das Lampenfieber hält Sie wach und schärft Ihre Konzentrationsfähigkeit, nur so können Sie zur Höchstform auflaufen.

Lampenfieber ist ein Zeichen für eine ganz spezielle Angst – die Angst nämlich, sich zu blamieren oder zu versagen. Wer sich gut vorbereitet hat und sich seiner Sache und seiner Person sicher ist, bräuchte diese Angst nicht zu haben. Wären da nicht die Glaubenssätze, die wir uns zu Eigen gemacht haben. Beispiel: »Nur wer perfekt ist, wird auch anerkannt und geliebt.« Wir wissen zwar, dass wir solche Perfektionsansprüche niemals einlösen können, doch kurz vor einem »Auftritt« gehen wir oft ziemlich hart mit uns um. Seien Sie also etwas gnädiger zu sich selbst und gehen Sie davon aus, dass Ihnen niemand die Aufregung in den ersten paar Minuten übel nehmen wird: Ihr Publikum …

… gibt Ihnen einen Vertrauensvorschuss – schließlich haben Sie etwas zu sagen und das könnte ziemlich spannend sein.

… empfindet Sympathie für Sie – weil es sich in Sie hineinfühlen kann.

… verzeiht Ihnen, wenn Sie sich verhaspeln oder den roten Faden verlieren – Fehler sind menschlich und das entschuldigt vieles.

… hört Ihnen wohlwollend zu – denn jeder weiß, dass sich das Lampenfieber nach einer Weile wieder legt.

Was tun bei Lampenfieber?

Wenn Sie aufgeregt sind, läuft ein automatisches Programm ab: Sie spannen den Unterbauch an, kneifen den Po zusammen und verschließen den Beckenboden. Sie werden kurzatmig. Bei Lampenfieber empfiehlt daher die Münchner Stimmtherapeutin Eva Loschky, den Unterbauch bewusst wieder zu öffnen – das entspannt Sie , lockert den Körper, befreit den Geist und lässt die Stimme gut klingen.

Übung kurz vor dem »Auftritt«: Ziehen Sie sich in eine Umkleidekabine oder auf die Toilette zurück. Stellen Sie sich aufrecht hin, geben Sie etwas mehr Gewicht auf den Vorderfuß, beugen Sie die Knie und entspannen Sie Bauch und Po. Strecken Sie beim Ausatmen auf »sch« langsam die Knie, indem Sie die Füße in den Boden schieben. Öffnen Sie dann für den lautlosen Einatem den Mund und den Beckenraum. Kommen Sie dabei wieder in die leichte Kniebeugung. Ihr Einatem strömt von selbst ein – so entspannen Sie sich. Nach ein paar Wiederholungen können Sie Sätze sprechen: Ausatmen mit »Guten Tag, meine Damen und Herren«, Atem einströmen lassen, ausatmen mit »Schön, dass Sie gekommen sind« ...

Wichtig beim Reden: Lassen Sie im Stehen die Knie immer durchlässig. Strecken Sie die Knie nie durch, denn das verschließt den Beckenboden und macht sie instabil. Üben Sie diese Haltung vor dem Spiegel. Nichts und niemand kann Sie dann mehr aus dem Gleichgewicht bringen.

Was tun, wenn Sie …

- … **SICH VERSPRECHEN?** Gehen Sie einfach darüber hinweg. Wiederholen Sie den letzten Satz noch mal.
- … **DEN ROTEN FADEN VERLIEREN?** Fassen Sie den bisherigen Gedankengang kurz zusammen. Fragen Sie, ob zum letzten Punkt noch etwas unklar ist.
- … **EINEN BLACKOUT HABEN?** Bleiben Sie ruhig und atmen Sie gut durch. Bitten Sie um eine kurze Pause. Gehen Sie zur Not aus dem Raum und sammeln Sie sich dort.

Die Rede vorbereiten

ZEITMANAGEMENT: Fangen Sie früh genug an sich auf Ihre Rede vorzubereiten. Bauen Sie Pufferzeiten ein.

INNERE EINSTELLUNG: Versuchen Sie, sich positiv auf Ihre Rolle als Redner einzustimmen. Falls Sie Bedenken wegen Ihres Auftritts haben, überlegen Sie, was Sie stört. Ändern Sie notfalls Ihre Pläne.

ZIEL: Überlegen Sie sich, was Sie mit Ihrer Rede bewirken wollen.

RECHERCHE: Fühlen Sie sich in Ihre Zuhörer hinein. Was wollen sie wissen? Was erwarten sie von Ihnen? Informieren Sie sich rundum über Ihr Thema. Was fasziniert Sie persönlich daran?

GLIEDERUNG: Welcher Einstieg passt am besten? Wie wollen Sie den Hauptteil gliedern? Was sagen Sie zum Schluss?

RHETORISCHE STILMITTEL: Lassen Sie sich anschauliche Beispiele einfallen und überlegen Sie, wie Sie die Spannung halten können.

HILFSMITTEL: Anschauungsobjekte, Bilder und Grafiken sorgen für Abwechslung. Sprechen Sie Augen und Ohren an!

RAHMENBEDINGUNGEN: Begutachten Sie die Situation vor Ort (Lichtverhältnisse, Redepult, Sitzplätze, Technik etc.). Erkundigen Sie sich auch danach, wer vor Ihnen und wer nach Ihnen spricht.

GARDEROBE: Wählen Sie ein Outfit, in dem Sie sich wohl fühlen. Prüfen Sie vor dem Spiegel, ob alles gut sitzt.

PROBELAUF: Halten Sie Ihre Rede vorab vor Freunden oder Kollegen – möglichst in dem Raum, in dem Sie später auch sein werden.

Das Manuskript

Sicherlich hilft es, eine Rede komplett auszuformulieren, damit die Basis schon mal gelegt ist. Wer das Manuskript dann vorlesen will, muss jedoch sehr geübt darin sein, in der Sprechsprache zu schreiben und beim Ablesen nicht allzu sehr am Papier zu kleben. Ansonsten hört sich Ihre Rede recht steif an, Sie können keinen Blickkontakt zum Publikum halten und sind auch in der Gestik stark eingeschränkt.

Spannender für Ihre Zuhörer ist es, wenn Sie so frei wie möglich sprechen. So zeigen Sie, dass Sie voll im Thema sind und mit Ihrem Publikum jederzeit in einen Dialog treten können. Zur Sicherheit notieren Sie sich die wichtigsten Passagen, Zitate und Zahlen – für alles weitere genügen Ihnen jedoch Stichworte. Bewährt haben sich DIN-A6-Karten.

→ Zeit können Sie sparen, wenn Sie das ausformulierte Manuskript schrittweise so kürzen, dass auf jede Karte ein oder zwei Gedanken passen. Wählen Sie eine gut lesbare Schrift, drucken Sie den Text aus, schneiden Sie das Papier zu und kleben Sie jeden Zettel auf eine Extra-Karte. Vorteil: Wenn Sie noch etwas ändern wollen, können Sie einen neuen Ausdruck machen oder handschriftlich korrigieren.

→ Sie können auch alle Karten mit der Hand beschriften, bei Schreibfehlern oder Änderungen ist das aber etwas mühselig.

→ Nummerieren Sie die Karten am oberen Rand und schreiben Sie die Uhrzeit auf, die Sie zu diesem Punkt anpeilen.

→ Notieren Sie in Farbe, was Sie während der Rede bedenken wollen: Anschauungsmaterial zeigen, Folie auflegen, Unterlagen verteilen, Blickkontakt, langsam sprechen, Pausen, an durchlässige Knie denken etc.

Vortrags- und Rede-Situationen

Im Job gibt es immer wieder Gelegenheiten, eine Stegreifrede, eine kurze Ansprache oder einen Vortrag zu halten. Häufig übernehmen Vorstandsvorsitzende, Geschäftsführer, Personalchefs, Abteilungs- und Teamleiter solche Aufgaben – von deren »Auftritten« können Sie viel lernen (→ Seite 15).

»Bühne frei!« heißt es aber auch dann, wenn Sie ein Projekt leiten oder als Trainer Schulungen geben, wenn Sie in der Pressearbeit, im Marketing oder im Vertrieb arbeiten oder im Betriebsrat sind. Und dann gibt es noch all die eher privaten Anlässe wie Geburtstage, Jubiläen und Betriebsfeste, bei denen Sie mit einer schwungvollen Rede für eine gute Stimmung sorgen können.

Feiern im informellen Rahmen können Sie zwar auch als Zuhörer, aber noch besser als »Festredner« nutzen, um persönliche Netzwerke zu knüpfen und die Redekunst zu üben:

- Schon allein dadurch, dass Sie sich bereit erklären, vor einer größeren Runde ein paar Worte zu sprechen, zeigen Sie Selbstvertrauen und Mut. Ihre Kollegen und Ihr Chef werden das sicherlich mit einer gewissen Anerkennung zur Kenntnis nehmen.
- Mit Ihrem Extra-Engagement signalisieren Sie: »Die Person, der Anlass bzw. die Firma ist es mir wert, dass ich mir ein paar zusätzliche Stunden Zeit für das Schreiben der Rede nehme.«
- Für die Recherchen müssen Sie schon im Vorfeld mit einigen Kollegen oder Ihrem Chef sprechen, um alle wichtigen Informationen zu sammeln. Eine gute Gelegenheit, schon vorab ins Gespräch zu kommen.
- Sie erreichen in kurzer Zeit viele Menschen. Würden Sie jeden einzeln ansprechen, wäre das bei weitem nicht so effektiv.

- Wenn Ihre Rede gut ankommt, werden Ihre Zuhörer Sie angenehm in Erinnerung behalten. Doch keine Sorge: Selbst wenn es nicht ganz so gut läuft, wird Ihnen das niemand übel nehmen!

Mit Humor geht's besser

Selbst wenn es sich um einen Fachvortrag und somit ein »ernstes« Thema handelt, wird es Ihnen das Publikum danken, wenn Sie beim Reden etwas Humor zeigen. Denn wer zwischendurch schmunzeln oder lachen kann, dem fällt das Zuhören leichter. Hier ein paar Tipps:

- Wenn etwas mit der Organisation schief läuft: Regen Sie sich nicht auf, sondern versuchen Sie, gelassen zu bleiben!
- Tragen Sie Ihre Sätze nicht mit ernster Miene vor, sondern lächeln Sie immer wieder mal ins Publikum.
- Gehen Sie augenzwinkernd auf die Personen ein, über die Sie sprechen. Zeigen Sie Verständnis für die menschlichen Schwächen und Eitelkeiten anderer und lachen Sie ruhig auch mal über sich selbst!
- Beziehen Sie Ihr Publikum mit ein, indem Sie »wir« statt »Sie« sagen. Das schafft eine gemeinsame Basis und macht sympathisch.
- Sammeln Sie Wortspiele, Zitate und lustige Versprecher und überlegen Sie, wie Sie alltägliche Ungereimtheiten und Gegensätze humorvoll umschreiben können.
- Vermeiden Sie abwertende Bemerkungen sowie jeden Zynismus und Sarkasmus. Wer andere verletzt, kommt nicht gut an.

Reden für verschiedene Anlässe

In der Regel werden Sie einige Tage vorher gebeten, ein paar Worte zu einem bestimmten Anlass zu sagen. Bereiten Sie sich auch auf diesen »Kurzauftritt« gut vor und holen Sie sich rechtzeitig die Informationen, die Sie brauchen, um dem Anlass gerecht zu werden.

Nichts ist beispielsweise für den Kollegen, der seit 20 Jahren in der Firma arbeitet, kränkender, als mit der falschen Tätigkeit oder gar dem falschen Namen in Verbindung gebracht zu werden.

Gelegenheitsrede

Mit einer Gelegenheitsrede würdigen Sie einen bestimmten Anlass oder halten eine Laudatio auf eine Person. Sie gehen auf die jeweilige Stimmung ein und appellieren an das Gefühl der Zuhörer. Sie können auch Ihre eigene Meinung einbringen. Vorsicht vor abgedroschenen Witzen und Floskeln!

→ Beispiele: Einstand, Abschied oder Pensionierung, Glückwünsche zum Geburtstag, zur Hochzeit oder zur Geburt, Beförderung, Jubiläum, Erfolgsfeier, Preisverleihung, Sommerfest, Weihnachtsfeier.

Informationsrede

Sie stellen möglichst wertfrei einen Sachverhalt dar und sprechen damit den Verstand Ihrer Zuhörer an. Wenn Sie Ihre Meinung zum Thema einflechten wollen, sagen Sie am besten gleich deutlich, welche anderen Ansichten es gibt.

→ Beispiele: Fachvortrag auf einer Messe oder bei einem Kongress, Schulung, kurzer Projektbericht (→ Seite 68 f.), Präsentation eines Produkts oder einer Dienstleistung oder eines Verfahrens (→ Seite 85 f.), Geschäftsbericht.

Überzeugungsrede

Mit einer Überzeugungsrede sagen Sie Ihre Meinung und versuchen, Ihre Zuhörer davon zu begeistern. Sie sprechen vor allem das Gefühl an und fordern am Ende zum Handeln auf.

→ Beispiele: Überzeugungsrede für einen Verbesserungsvorschlag oder eine neue Idee (→ Seite 84), Wahlrede, Aufruf bei einer Betriebsversammlung.

Kleine Pannenhilfe für Reden

- **Lampenfieber:** Machen Sie die Übungen auf der vorderen Umschlagklappe.
- **Unruhig stehen:** Wenn Sie sich vor einer größeren Menschenmenge unsicher fühlen, weil Sie frei stehen, können Sie sich vorher ein Redepult oder einen Stehtisch organisieren. Probieren Sie, wie Sie sich am wohlsten fühlen.
- **Nervöse Hände:** Halten Sie die Stichwortkarten in einer Hand und benutzen Sie die andere zum Gestikulieren. Sie können die Hände auch locker vor dem Bauch zusammenhalten.
- **Unsicherheit:** Ihre Wirkung überprüfen Sie, indem Sie Ihre Zuhörer beobachten. Sie können auch einen Kollegen bitten, dass er Ihnen ab und zu aufmunternd zunicken soll.
- **Unterlagen fallen runter:** Lassen Sie sich nicht aus der Ruhe bringen und sammeln Sie die Materialien wieder ein. Wenn sie nummeriert sind, können Sie sie einfacher wieder ordnen.
- **Versprecher:** Machen Sie eine lockere Bemerkung und fangen Sie noch mal von vorn an (→ Seite 114).
- **Probleme mit der Technik:** Erkundigen Sie sich vorher, wer sich mit der Haustechnik auskennt. Dann wissen Sie, wen Sie im Falle des Falles ansprechen können. Grundsätzlich sollten Sie sich nie auf die Technik verlassen – halten Sie Ausdrucke oder Kopien bereit.
- **Zwischenrufe:** Sie sind der Star des Abends und entscheiden, wie Sie mit Zwischenrufen umgehen wollen. Sachliche Fragen können Sie sofort oder später beantworten. Zeit zum Nachdenken gewinnen Sie, indem Sie die Frage noch einmal wiederholen lassen. Störer können Sie ignorieren und ruhig stellen, indem Sie die Antwort auf später verschieben (Störer → Seite 91).
- **Zeitnot:** Überlegen Sie, welchen Aspekt Sie im Mittelteil Ihrer Rede überspringen können. Sollte es noch Fragen geben, können Sie die in der anschließenden Diskussion beantworten. Wichtig: Der Schluss muss perfekt sein!

Spontan oder gut vorbereitet?

Nicht immer haben Sie genügend Zeit, um sich auf eine Rede vorzubereiten. Man unterscheidet vier Redeformen:

EINE STEGREIFREDE halten Sie spontan, weil Sie jemand darum gebeten hat. Nehmen Sie dieses Angebot an und vertrauen Sie darauf, dass Sie während des Sprechens eine Idee entwickeln, die Sie ein paar Minuten lang ausformulieren können (→ Seite 121 f.).

→ Beispiel: Ihr Chef bittet Sie, bei einem Geschäftsessen oder bei einem Betriebsfest ein paar Worte zu sagen.

EINE STICHPUNKTREDE basiert auf einer knappen Gliederung, an die Sie sich beim Sprechen halten. So können Sie wichtige Punkte nicht vergessen.

→ Beispiel: Sie machen sich während einer Diskussion begleitende Notizen auf einem Zettel und orientieren sich dann in Ihrer freien Rede an Ihren Stichworten.

EINE VORBEREITETE REDE arbeiten Sie vorher gründlich aus. Sie überlegen sich eine Gliederung und prägnante Formulierungen, vor Ort reagieren Sie aber flexibel auf die jeweiligen Bedingungen. Im Falle des Falles können Sie einzelne Passagen umstellen, überspringen oder hinzufügen.

→ Beispiel: Sie halten auf einem Kongress einen Fachvortrag und gehen mit einem Schlenker auch auf die anderen Redner ein.

EINE ABGELESENE REDE bereiten Sie zu Hause bis ins Detail vor. Sie formulieren den Text so, dass Sie ihn vor einem Publikum flüssig vortragen können. Die Kunst dabei ist, sich gedanklich in die Situation vor Ort so gut hineinzuversetzen, dass sich Ihre Rede nicht allzu steif und förmlich anhört.

→ Beispiel: Als Pressesprecherin schreiben Sie eine Rede, die Sie vor Fernsehkameras halten werden. Wenn die Rede für Ihren Chef ist, sind Sie sein Ghostwriter (→ Tipp Seite 121).

So klappt die Anrede

TIPP

Ghostwriter

→ Wenn Sie sich nicht zutrauen, eine Rede selbst zu schreiben, können Sie die Dienste eines Ghostwriters in Anspruch nehmen. Solche Profis vermittelt unter anderem der Verband der Redenschreiber deutscher Sprache (www.vrds.de).

»Meine Damen und Herren!« – mit einer solchen neutralen Anrede können Sie nichts falsch machen. »Liebe Kollegen!« oder »Liebe Mitarbeiter!« klingt etwas persönlicher, so können Sie das Eis schneller brechen. Bei informellen Anlässen wirkt auch ein einfaches »Guten Abend! Schön, dass Sie da sind!« sympathisch.

Überlegen Sie vorher, welche Zuhörer Sie namentlich begrüßen müssen. Beschränken Sie sich dabei auf wenige Personen, denn wenn die Liste allzu lang wird, ermüdet das schnell. Sprechen Sie die Namen der Ehrengäste korrekt aus und halten Sie die Hierarchie ein, indem Sie die wichtigste Person zuerst nennen.

Sie können die Anrede übrigens auch erst nach ein paar einführenden Sätzen einbauen, um dann nach dieser kurzen Zäsur voll in das Thema einzusteigen. Eine andere Variante: Flechten Sie die Namen einiger Zuhörer an passender Stelle in Ihre Rede ein, um die Aufzählung zu Beginn nicht allzu lang werden zu lassen.

Besonderheit: Die Stegreifrede

Wenn Sie sich spontan entschließen, eine kurze Rede zu halten, kann es sein, dass Sie sich erst einmal in das Thema hineinfinden müssen.

Doch keine Angst: In den ersten paar Sätzen können Sie andeuten, dass Sie noch gar nicht so genau wissen, wo Sie am Ende landen werden – dann sind auch Ihre Zuhörer umso gespannter, wie Sie die unverhoffte Situation meistern werden.

Was Ihnen bei einer Stegreifrede dann noch weiterhilft sind Ihr gesunder Menschenverstand, ein positives Selbstbewusstsein, etwas Gelassenheit sowie eine gute Portion Redegewandtheit, Schlagfertigkeit und Humor. Ein Trick, wie Sie über die Runden kommen: Denken Sie laut nach, was Sie von dem Thema, der Person oder dem Anlass halten. Überlegen Sie, was Sie an dem Thema reizt oder an der Person bewundern, welche Fragen Sie haben oder welche Probleme Sie sehen. Lassen Sie sich jedoch nicht dazu hinreißen, etwas zu behaupten, was Sie nicht beweisen können. Versprechen Sie auch nichts, was Sie nicht halten können.

Kommen Sie bei einer Stegreifrede, wie bei der Fünf-Schritte-Argumentation (→ Seite 39 f.), zum Schluss, indem Sie Ihre Zuhörer zum Handeln auffordern. Übrigens: Eine Stegreifrede dauert meist nur ein paar Minuten – wer einen längeren Atem hat läuft Gefahr, die Zuhörer zu langweilen.

TIPP

→ Das Improvisieren für eine Stegreifrede können Sie am besten mit einem Partner üben, der Ihnen ein Thema vorgibt, von dem Sie keine Ahnung haben. Sie können aber auch mit geschlossenen Augen auf ein Wort in einem Fremdwörterlexikon tippen und sich dazu etwas einfallen lassen. Variante: Suchen Sie sich aus Ihren Unterlagen drei Substantive, die nichts miteinander zu tun haben, und versuchen Sie, diese Worte in einer kurzen Ansprache miteinander zu verbinden.

Kurz und unterhaltsam

Es muss ja nicht immer eine lange Rede sein: Manchmal genügen auch ein, zwei oder drei Minuten, um einen neuen Auszubildenden im Betrieb zu begrüßen, ein paar Worte während eines Empfangs oder eines Geschäftsessens zu sagen oder einem Kollegen zum Firmenjubiläum zu gratulieren. Wenn Sie sich an die Fünf-Schritte-Methode halten, brauchen Sie sich nur noch Stichworte zu notieren (→ Seite 39 f.). Für kurze Reden ist auch die MOSE-Gliederung hilfreich, wobei die Abkürzung für Mensch – Ort – Sache – Ereignis steht:

M – MENSCH: Lassen Sie es menscheln, indem Sie die Zuhörer oder die zu ehrende Person mit freundlichen Worten beschreiben. So fühlen sich alle angesprochen und gewürdigt.

O – ORT: Beziehen Sie sich auf den Ort, an dem Sie sich treffen. Welche Bedeutung hat er für Sie und Ihre Zuhörer? Was lässt sich über dessen Geschichte oder Bauweise sagen?

S – SACHE: Kreisen Sie mit ein paar Sätzen um das Ziel Ihrer Rede, indem Sie Glück wünschen, danken oder zum Handeln auffordern.

E – EREIGNIS: Gehen Sie auf den Anlass der Zusammenkunft ein und beschreiben Sie das Ereignis mit ein paar Worten.

Sie brauchen nicht alle vier Aspekte anzusprechen, ein oder zwei genügen auch. Welche Sie auswählen, hängt davon ab, was Ihnen gerade einfällt. Bei einer kurzen spontanen Rede erwarten die Zuhörer nur ein paar einführende Worte – denn dann folgt meist das »offizielle« Programm.

Die Dramaturgie einer längeren Rede

Mit einer kurzen Rede können Sie Ihr Publikum nur selten langweilen. Denn kaum haben sich Ihre Zuhörer an Sie als Person, an Ihr Thema und an Ihren Redestil gewöhnt, kommen Sie auch schon wieder zum Schluss – und der nächste Programmpunkt folgt.

Eine längere Rede muss jedoch einen Spannungsbogen einhalten, Abwechslung bieten und mehrere Hö-

WICHTIG

→ Stellen Sie sich zu Beginn Ihrer Rede nicht selbst vor. Es genügt, wenn Sie im Programm angekündigt sind oder der Moderator ein paar Worte zu Ihrer Person sagt – Zuhörer, die trotzdem nicht wissen, wer Sie sind, sollen sich erkundigen. Sie sind der Star auf der Bühne und da brauchen Sie den Zuhörern nicht mehr zu erklären, wie Sie das geworden sind.

TIPP

→ Leiten Sie den Schluss Ihrer Rede ein, indem Sie die wichtigsten Punkte noch einmal zusammenfassen. Danach machen Sie nicht mehr viele Worte: Hören Sie mit einem Zitat oder einer Volksweisheit auf und entlassen Sie Ihre Zuhörer schmunzelnd oder nachdenklich. Sie können Ihr Publikum auch zum Handeln auffordern (»Kommen wir jetzt also zur Abstimmung!«) oder dazu, sich Ihrer Meinung anzuschließen.

Wichtig: Schieben Sie nach dem Schluss nichts mehr nach!

hepunkte haben – sonst hört Ihnen niemand bis zum Ende zu. Die Spannung können Sie aufbauen, indem Sie dramaturgischen Regeln folgen, wie es sie auch für Romane, Theaterstücke und Filme gibt. Beachten Sie deshalb vier markante Punkte in Ihrer Rede:

1 SCHWUNGVOLLER EINSTIEG: Wecken Sie die Neugier bei Ihren Zuhörern, indem Sie schwungvoll beginnen und so Lust darauf machen, Ihnen weiter zu folgen. Zur Auswahl stehen Ihnen mehrere Methoden (→ Seite 110ff.).

2 ZWISCHENZIELE IM HAUPTTEIL: Damit Ihr Publikum weiterhin aufmerksam bleibt, müssen Sie den Hauptteil Ihrer Rede klar und deutlich gliedern. Dazu überlegen Sie sich vier bis sechs Teilziele, die Sie Stufe für Stufe zum Höhepunkt und damit zum Ziel Ihrer Rede bringen. Möglichkeiten für die Gliederung finden Sie auf Seite 39ff.

3 AUSSTIEG MIT ZUSAMMENFASSUNG: Wenn Sie alles gesagt haben, rütteln Sie Ihre Zuhörer noch einmal auf, indem Sie das Wichtigste zusammenfassen. Damit niemand diesen Moment verpasst, müssen Sie ihn klar und deutlich ankündigen: »Bevor ich zum Ende meiner Rede komme, lassen Sie mich bitte noch einmal zusammenfassen …«

4 SCHLUSS: Am Ende Ihrer Rede sollten Sie auf jeden Fall die Chance nutzen, einen guten Eindruck zu hinterlassen. Sie können Ihre Zuhörer auffordern, zu handeln oder sich Ihrer Meinung anzuschließen. Wichtig: Der letzte Satz bleibt hängen, dafür bekommen Sie den Schlussapplaus.

Internetadressen, die weiterhelfen

www.KarinHertzer.de
Internetseite der Autorin

www.evaloschky.de
Die Logopädin und Stimmtherapeutin bietet Seminare in München an.

www.munich-toastmasters.de
Im Debattierclub Toastmasters können Sie Rhetorik mit Gleichgesinnten üben und perfektionieren.

www.rhetorik-netz.de
Unter anderem Seminarangebot der Rhetorik-Akademie Berlin.

Bücher, die weiterhelfen

Berckhan, Barbara: *Die etwas intelligentere Art, sich gegen dumme Sprüche zu wehren,* Heyne, München

Bonneau, Elisabeth: *Erfolgsfaktor Smalltalk. Mühelos Kontakte knüpfen. Auch schwierige Gesprächssituationen gekonnt meistern,* Gräfe und Unzer Verlag, München

Bonneau, Elisabeth: *Mini-Knigge,* Gräfe und Unzer Verlag, München

Bonneau, Elisabeth: *Smalltalk. Nie um Worte verlegen. Einfach Kontakte knüpfen* (Reihe: Kompass), Gräfe und Unzer Verlag, München

Duden: *Reden gut und richtig halten,* Bibliografisches Institut & F. A. Brockhaus AG, Mannheim

Fisher, Roger; Ury, William; Patton, Bruce: *Das Harvard-Konzept,* Campus, Frankfurt

Grünberg, Marion: *Kommunikationstrainer für Beruf und Karriere,* Koch Media Verlag, München

Herzlieb, Heinz-Jürgen: *Erfolgreich verhandeln und argumentieren,* Cornelsen, Berlin

Hirson, Christina: *Zitate für jeden Anlass. Von klassisch bis originell,* Gräfe und Unzer Verlag, München

Jähnchen, Patrick: *Vorstellungsgespräche* (Reihe: Kompass), Gräfe und Unzer Verlag, München

Kellner, Hedwig: *Rhetorik – hart verhandeln, erfolgreich argumentieren,* Hanser, München

Lubbers, Bernd-Wolfgang: *Das etwas andere Rhetorik-Training,* Gabler, Wiesbaden

Öttl, Christine/Härter, Gitte: *Vorstellungsgespräche,* Gräfe und Unzer Verlag, München

Pöhm, Matthias: *Vergessen Sie alles über Rhetorik,* mvg, Landsberg

Schulz von Thun, Friedemann: *Miteinander reden,* Rowohlt, Reinbek bei Hamburg

Tannen, Deborah: *Job-Talk,* Goldmann, München

Wahl, Heidi: *Rhetorik. Überzeugend reden. Die besten Tipps für jeden Anlass* (Reihe: Kompass), Gräfe und Unzer Verlag, München

Register

A

Anapher 107
Atemrhythmus 18
Ausstrahlung, positive 11

B

Begrüßung 25, 26
Bewerbung 50, 62, 63
Blickkontakt 8, 20, 26, 46

D

Diskussion 12, 15, 17, 24, 31, 44, 62, 69, 77, 86, 88 ff., 92 ff., 101 ff., 119
Diskussions-Teilnehmer, schwierige 90 f.

E

Einstellung, innere 10 f., 17, 21, 49, 51, 109, 114
Erscheinung, äußere 10

F

Feedback 9, 11 f., 30, 71 ff., 86
formulieren, verständlich 7, 32 ff.
Frage, rhetorische 107
Fragen, geschlossene 56
–, offene 56
Fünf-Schritte-Argumentation 39 ff., 74, 84 ff., 89, 111

G

Gehaltsverhandlung 65 ff.
Gelegenheitsrede 118
Gesprächspartner 11, 20 ff., 24, 28 ff., 44, 47, 49 ff., 57, 72 ff., 77, 94 f., 99
Gesten 8, 21

I

Ich-Botschaften 57, 71, 74, 91, 95
Informationsrede 118

K

Kommunikation zwischen Frauen und Männern 36, 93 f.
Konferenz 8, 12, 14, 83 f., 92, 96 ff.
Konflikte vermeiden 30, 31
– vorbeugen 25, 75
Körpersprache 8, 10, 17, 20 ff., 26, 33, 44, 86
Kritikgespräch 31, 74
kritisieren 14, 29, 71, 73 ff., 91
Kündigungsgespräch 80, 81

L

Lampenfieber 14, 62, 110, 112 f., 119

M

Medien, Einsatz von 70, 86 ff.
Meeting 8, 14, 82 ff., 92, 96 ff.
Meinungsaustausch 93
Metapher 107
Mimik 21
Missverständnisse vermeiden 30 ff.
– vorbeugen 35, 45, 97
Moderation 103 f.

N

Nein sagen lernen 35 ff.

O

Outfit 8, 11f., 23, 33, 115

P

Podiumsdiskussion 15, 17, 88 ff., 103 ff.
Projekt präsentieren 85 ff.
Projektbericht, kurzer 68 ff.
Rede 8, 9, 109 ff.
– vorbereiten 114 f.
–, längere 14, 123 f.
–, Einstieg für die 110 f.
–, Manuskript für die 115

R

Redner 8f., 11, 15, 17, 103 ff., 109 ff.

S

Sandwich-Methode 44
Schlagfertigkeit 10
Selbstbewusstsein 11 ff., 49, 121
Selbstvorstellung 26 ff.
sich verabschieden 31
sich vorstellen 26
Sitzordnung 24
Smalltalk 28 ff., 63
Sprachstil 34 f.
Sprechstil 33 f.
Stegreifrede 119 ff.
Stilmittel, rhetorische 107, 111
Stimme 8, 10, 17 ff., 21, 33, 86, 97, 113

T

telefonieren 8, 47

U

Überzeugungsrede 118
Unsicherheit 13, 119
Unsicherheitswörter vermeiden 13

V

Vergleich 107
verhandeln 10
–, geschickt 58 ff., 68, 101
–, hart 58 f.
–, weich 58 f.
Versprecher 117, 119
Vortrag 14, 17 f., 88, 109, 112, 116 ff.

Z

Zeitmanagement 92, 114
Zeitnot 119
Zielgespräch 67, 70 f.
zuhören, aktiv 24, 50, 52 ff.

GU Leben & Lernen

→ Einfach mehr Glück und Erfolg

ISBN 3-7742-6948-3
128 Seiten | € 12,90 [D]

ISBN 3-7742-6954-8
128 Seiten | € 12,90 [D]

ISBN 3-7742-6953-X
144 Seiten | € 12,90 [D]

ISBN 3-7742-6342-6
128 Seiten | € 9,90 [D]

ISBN 3-7742-6480-5
128 Seiten | € 12,90 [D]

Mit den richtigen Entscheidungen die Weichen auf Erfolg stellen – diese Ratgeber unterstützen Sie kompetent, praxisnah und anschaulich.

WEITERE LIEFERBARE TITEL BEI GU:

- **GU GROSSE KOMPASSE: Zitate für jeden Anlass**
- **GU CLEVER LEBEN: Einstellungstests, Vorstellungsgespräche, Unser Hochzeitsplaner, Hochzeit: Reden und Glückwünsche, Testamente, Anti-Blamier-Knigge**

GU

Willkommen im Leben.

Impressum

Programmleitung:
Steffen Haselbach
Leitende Redaktion:
Anita Zellner
Redaktion:
Nina Pohlmann
Lektorat:
Sibylle Kolb
Titelfoto:
Kurt Paulus

Umschlag und Gestaltung:
independent Medien-Design
Herstellung:
Bettina Häfele
Satz:
Uhl + Massopust, Aalen
Repro:
Fotolitho Longo, Bozen
Druck und Bindung:
Druckhaus Kaufmann, Lahr

Dank
Herzlich bedanken möchte ich mich bei (in alphabetischer Reihenfolge) Christian Balzarek, Barbara Berckhan, Doris Burger, Niclas Gottfried, Eckart von Hirschhausen, Bettina Klutsch, Sibylle Kolb, Ellen Kreipe, Eva Loschky, Nadia Maina, Renate Mayerhofer, Michael Patzer, Nina Pohlmann, Sabine Schicke, Heidi Wahl, Dörte Wittkamp.

Umwelthinweis
Dieses Buch wurde auf chlorfrei gebleichtem Papier gedruckt. Um Rohstoffe zu sparen, haben wir auf Folienverpackung verzichtet.

ISBN 3-7742-6952-1
Auflage 5. 4. 3. 2. 1.
Jahr 09 08 07 06 05

Wichtige Hinweise

Die Beiträge in diesem Buch sind sorgfältig recherchiert und entsprechen dem aktuellen Stand. Abweichungen, beispielsweise durch seit Drucklegung geänderte Preise, Gebühren, Anlageentwicklungen, WWW-Adressen etc., sind nicht auszuschließen.
Weder Autorin noch Verlag können für eventuelle Nachteile oder Schäden, die aus den im Buch gegebenen praktischen Hinweisen resultieren, eine Haftung übernehmen.

Das Original mit Garantie

Ihre Meinung ist uns wichtig.

Deshalb möchten wir Ihre Kritik, gerne aber auch Ihr Lob erfahren. Um als führender Ratgeberverlag für Sie noch besser zu werden. Darum: Schreiben Sie uns! Wir freuen uns auf Ihre Post und wünschen Ihnen viel Spaß mit Ihrem GU-Ratgeber.

Unsere Garantie: Sollte ein GU-Ratgeber einmal einen Fehler enthalten, schicken Sie uns das Buch mit einem kleinen Hinweis und der Quittung innerhalb von sechs Monaten nach dem Kauf zurück. Wir tauschen Ihnen den GU-Ratgeber gegen einen anderen zum gleichen oder zu einem ähnlichen Thema um.

GRÄFE UND UNZER VERLAG
Redaktion Leben & Lernen
Postfach 86 03 25
81630 München
Fax: 089/41981-113
E-Mail: leserservice@graefe-und-unzer.de

GRÄFE UND UNZER

Ein Unternehmen der
GANSKE VERLAGSGRUPPE